宁夏大学优秀学术著作出版基金资助

教育部人文社会科学研究一般项目"留学生汉语语篇构建与语篇连贯研究"（10YJA740069）、

浙江省哲学社会科学规划课题"留学生汉语语篇构建与语篇连贯研究"（10CGZY06YB）、

宁夏大学科学研究重点项目"留学生汉语语篇构建与语篇连贯研究"（SK1202）项目成果

宁夏大学优秀学术著作丛书

二语学习者汉语语篇构建研究

马明艳 / 著

中国社会科学出版社

图书在版编目(CIP)数据

二语学习者汉语语篇构建研究/马明艳著. —北京：中国社会科学
出版社，2015.8
ISBN 978 - 7 - 5161 - 6641 - 3

Ⅰ.①二… Ⅱ.①马… Ⅲ.①汉语—书面语—阅读—研究
Ⅳ.①H195

中国版本图书馆 CIP 数据核字(2015)第 167013 号

出 版 人	赵剑英
责任编辑	郭晓鸿
特约编辑	王冬梅
责任校对	王　影
责任印制	戴　宽

出　　版	中国社会科学出版社
社　　址	北京鼓楼西大街甲 158 号
邮　　编	100720
网　　址	http://www.csspw.cn
发 行 部	010 - 84083685
门 市 部	010 - 84029450
经　　销	新华书店及其他书店

印　　装	北京君升印刷有限公司
版　　次	2015 年 8 月第 1 版
印　　次	2015 年 8 月第 1 次印刷

开　　本	710×1000　1/16
印　　张	12.75
插　　页	2
字　　数	226 千字
定　　价	48.00 元

凡购买中国社会科学出版社图书，如有质量问题请与本社营销中心联系调换
电话：010 - 84083683

目　录

序

　　马明艳的《二语学习者汉语语篇构建研究》的书稿发到我的邮箱里已经有两个多月了，欠了不少文债但又一直没有时间认真阅读。如今，出版社马上就要付梓，逼得我静坐下来仔细地读完了。

　　这是一部有关二语学习者汉语语篇研究的著作。作者在这里探讨了留学生汉语语篇的形式特征、留学生汉语语篇的文体特征、留学生汉语语篇的语体特征、留学生汉语叙事语篇的结构模式、留学生汉语论说语篇的结构模式、语篇表达与语篇话题系统、二语写作语篇整合研究等若干个方面的问题，毫无疑问这些问题都是很重要的。二语学习者在用汉语写作的时候会遇到很多问题，例如语篇结构的问题、文体适切性的问题、语体适切性的问题、语篇关联手段运用的问题、话题关联性的问题等等，这些问题有的是由于母语的负迁移作用造成的，有的是由于对汉语语篇特点掌握得不好造成的。我们经常看到一些留学生的论文或者作文，每一个句子都没有语法错误，但组合在一起就是很别扭。这里有信息安排的问题，有缺少关联成分的问题，有该省略没有省略的问题，有书面语表达的问题，有语体不合适的问题。这些问题影响了二语学习者篇章构建的质量。马明艳的研究从若干个侧面弥补了这个领域研究的不足。

　　语篇研究有很多方法，马明艳运用语料库和统计分析方法来研究二语学习者的语篇问题，发现的问题都很有针对性，统计结果也很有参考价值。但是"HSK 动态作文语料库"有一个天然缺陷，那就是，那里的作文语料都来自汉语水平考试，话题是统一的，篇幅也不是很长，其多样性显然不够。好处是这些语料的真实性没有问题，它们没有经过老师的修改润色；坏处是话题过于单调，内容也比较简单。马明艳选择的这几个侧面是很准确的，显然抓住了二语学习者汉语语篇构建中的关键问题。她在这项研究的最后把目光聚焦在汉语写作和语篇整合上，这也是非常正确的。如何提高二语学习者的写作质量的确是我们目前遇到的最大挑战。尽管在这个领域已经有一些开拓者作了很好的尝试，但是应该说这个园地还有值得进一步开垦和经营的潜力。正如作者所说的"语篇系统本身的复杂性都会时常令人感觉有挂一漏万的遗憾。语篇研究领域还有太多的空间需要我们找到有效的方法去打开那一扇扇紧闭着的大门，比如我们提出了整合度的概念，但却一时无法找到在语篇各个层面科学衡量整合程度的方法。"

语言学是经验科学，是软科学，它不可能如物理学那样，发现的规律都可以作为宇宙定律。语言现象错综复杂，要发现定律是很难的，例外大量存在。语篇研究就更要面对极其复杂的语言现象。因为语篇不仅仅关涉到语言的形式，它更关涉到语言的内容：话题怎么安排，围绕话题的叙述如何展开，句子和句子之间的关系怎么处理，信息流的构建有何规律，为什么有的人言简意赅，有的人就啰里啰唆，为什么有的人写着写着就没词儿了，不知道该如何接续下去，等等。语篇的整合度作为一个概念是很重要的，但是整合度如何计算、测量，的确是一个难题。另外，学习者的整合策略也是值得研究的。还应该指出的是，研究二语学习者的语篇构建问题，不能不反观母语使用者的语篇构建问题。会写文章的人往往不是老师教会的，写的时候作者心里也并没有意识到语篇结构应该如何构建等等问题。那么，究竟是什么因素造就了好的文章？什么因素成就了完美的语篇构建？这些问题对我们来说还都是那扇尚未打开的大门。我期待着马明艳在这个领域继续探索，并不断有所收获。

是为短序。

崔希亮

2015 年 5 月 28 日于北京

绪　论

第一节　汉语作为第二语言教学视角下的
汉语语篇研究

20世纪90年代，随着对外汉语教学事业的发展以及中介语理论对偏误的认识逐渐成熟，语篇研究及教学才受到了对外汉语教学界的逐步重视，从而开始对留学生的汉语语篇进行偏误研究（高鲜菊，2010）。

鲁健骥、杨春、杨丽赟、陈晨、赵成新等学者针对母语为英语的留学生的语篇照应和衔接进行了偏误研究。鲁健骥（2000）把留学生的照应偏误分为三类：没有被照应的对象；该照应而没有照应；不该照应而照应。杨春（2004）把英语国家学生初级汉语语篇照应偏误分为人称照应、零形式照应和指示照应三类，并与高级阶段以英语为母语的学习者的照应偏误加以对比，分析了初级阶段学习者对语篇中不同的照应形式的使用特点和习得照应形式的难点。杨丽赟（2007）考察了中级阶段以英语为母语的留学生叙事文体篇章照应使用情况，其语篇照应偏误分类类型同杨春（2004）一样，分为人称照应、零形式照应和指示照应三类，但是每类下面分的小类更为细致。陈晨（2005）先后发表了《英语国家学生中高级汉语篇章衔接考察》和《英语国家学生学习汉语在篇章连贯方面的常见偏误》。前一篇将衔接偏误分为省略、照应、时与体、句式和替代。后一篇在前一篇文章的基础上增加了词汇衔接和连接成分这两种衔接偏误类型，结合连贯偏误一同考察。这两篇文章研究对象都是母语为英语的学生，排除了母语不同而可能造成偏误表现规律不同的因素，并使用统计的方法详尽分析了一定语料范围内中高级英语国家学生作文中出现的偏误的数量及百分比，对偏误进行了定量、定性的系统性考察。其文章在对具体母语背景下留学生篇章偏误的分析上具有一定的开创性意义。赵成新在他的《外国留学生汉语语篇衔接方式偏误分析》（2005）一文中将衔接偏误分为指称偏误、替代偏误、重复偏误、连接偏误和平行偏误，该文对偏误原因的分析则过于简单。之后，在《留学生汉语语篇衔接偏误目的语因素考察》（2005）一文中按原因将偏误分为六种类型：语际偏误、语内偏误、发展难度偏误、回避偏误、诱导偏误和杂糅与不明原因，提出目的语因素影响中介语的六种形式：错误推理、错误分析、规则应用不完全、忽略共现词的限制、过度监控和系统规则简化。在《从中介语语篇偏误看母语对二语习得的影响——以英语为母语使用者的汉语语篇衔接偏误为例》（2006）一文中指出，1/3 以上的汉语语篇偏误是由于母语因素造成的，母语因素影响汉语二语习得有空项影响、对称影响、非对称影响和斜配关系影响四种形式。后两篇文章分别从目的语以及母语因素角度考察了英语母语使用者的汉语语篇衔接偏误，这一开拓研究值得后人借鉴。

李炜东、胡秀梅（2006）则以日本和韩国留学生为主要研究对象，把中级汉语水平留学生的语篇衔接偏误分为指称衔接、结构衔接、逻辑连接三类，对其偏误的类型及其产生的原因作出了探讨。不足之处在于未对语篇偏误进行量化统计，缺乏定量角度的考察。

王红斌、李悲神、曹秀玲、吴丽君等学者对留学生语篇中的指称现象进行了考察。王红斌、李悲神（1999）运用中介语理论考察了韩国和日本留学生汉语篇章零形回指习得的过程，将留学生习得零形回指的过程分为尝试期、尝试二期和成熟期三个阶段，对留学生各个习得阶段的总体特点进行了分析。曹秀玲（2000）根据胡壮麟对指称类型的划分，分别对 36 篇韩国留学生书面语篇的语篇指称、时间指称、地点指称、事物指称以及人物指称的使用情况进行考察。文章认为，韩国留学生汉语语篇在指称类型和指称方式上都呈现简化的态势，偏误方面表现为缺少必要的指称和先行成分。作者认为在教学中应让留学生习得"汉语化"的语篇模式，这对对外汉语的语篇课堂教学和教材编写具有启发作用。吴丽君（2002）在《日本学生汉语习得偏误研究》一书中，通过汉日对比，分析了中、高级日本学生的篇章在表示时间空间的连接成分、叙述体篇章中的人称指称、复句中的连接成分和篇章结构层次方面的偏误，指出第三人称的指称衔接关系在叙述体篇章中的泛化使用，而在写作中表现为缺少指称对象、指称代词多余、指称代词误用为名词或零形式、指称代词与指称对象不统一的偏误。对各类偏误的分析均参照了上下文提供的语境信息，但未对语篇偏误类型进行量化统计，而且没有讨论第一人称指称以及语篇指称。

刘建霞（2005）重点考察了留学生语篇中的省略现象，将韩国留学生叙事语篇中的名词性词语省略的偏误放入上下文语境中进行考察，把省略偏误分为省略使用不足和省略使用过度两大类进行分析，其后详尽统计了省略偏误的类别、例句、对偏误类型的描写以及各偏误类型的数据，使得我们对以韩语为母语的留学生在叙事体语篇中名词性词语省略的偏误情况有了一个较为直观的了解，这对教学侧重点有直接指导意义。

王健昆、喻波（2006）区别于上述对语篇外在形式的衔接研究，而是针对语篇的语义连接进行了考察。从语义范畴上将语篇逻辑连接分为添加、转折、因果和时空四类，以10篇初级水平的韩国留学生的叙事体作文为材料，对其语篇逻辑连接使用情况进行考察，归纳出连接词语使用上的四类典型偏误。

除了以上对单一国别留学生汉语语篇的研究，还有学者采用了较为独特的研究视角，如不同国别、不同等级留学生汉语语篇的对比研究，以及区分文体、区分语体或对特殊语篇的语篇现象的研究等。

张述娟（2003）的研究采用中高级留学生作文和东南亚华文作家作品的对比，认为对后者的研究能帮助预测留学生在更高学习阶段中的衔接偏误。作者考察出的主要语篇衔接偏误有：连接词使用不当、指代词语使用错误、省略不当、语序不对、语义重复啰唆、语义不协调、句式不协调。其后对偏误原因进行了分析，并对教学提出了针对性的具体建议。

孙新爱（2004）的研究则使用了留学生中介语语篇和中国大学生的母

语语篇的对比，包括叙述性语篇、说明性语篇和议论性语篇，都是口语语料。作者运用功能语言学派的主位—述位理论分析留学生汉语语篇表达的语篇扩展和语篇连贯问题，总结了中介语语篇中主位选择和主位推进模式上的偏误类型，提出了相应的教学策略。

刘俊玲（2005）对来自韩国、日本、蒙古、印尼等七个国家不同年级的留学生书面语言进行考察，分析其五种主要篇章偏误类型。该文没有涉及母语不同而可能带来的干扰习得的因素，以及习得者所处阶段不同而可能使得偏误分布不同的情况。

彭彩红（2006）对来自印尼、韩国、泰国、日本、越南以及新西兰中上、中下、高上三阶段汉语水平留学生的 110 篇叙事体语篇零形回指进行研究，详细描写了留学生零形回指的偏误类型，分析了留学生对零形回指的理解情况并统计了各种偏误类型在不同学习阶段的分布情况，对零形回指偏误产生的原因进行了分析，指出汉语零形回指自身的复杂性、学生的汉语水平以及教学中对语篇教学缺乏足够的重视是主要原因。

周清艳（2007）对来自东亚、东南亚、欧洲、美洲等多个国家的各个学习阶段的留学生作文进行考察，发现留学生语篇使用连接成分容易出现的五种偏误：误用、混用、滥用、回避使用、同一连接成分重复使用，并提出了较为具体的教学对策。

辛平（2001）立足于论说文，分析了 11 篇高级汉语水平留学生作文，总结出三类偏误：单纯语法/词语错误、语言—语用失误、衔接和连贯上的错误。

王瑛（2009）通过把课堂实况录音文本中一位学习汉语两年半的法国学生的即兴看图说话作为例文进行纠错和语篇分析，指出其存在的问题，包括话题链、替代、省略、连接、词语搭配以及语用等方面的问题。针对这类口语连贯表达中的偏误，仅简要地提出了几点教学对策，其建议在教学中采取的教学方法说得还不够全面，也忽略了产生这些偏误的原因分析，而且其研究仅以一篇语料作为分析对象，全面性有所欠缺。

田然在《外国学生在中高级阶段口语语段表达现象分析》（1997）中总结了中高级阶段留学生口语语段表达的一些偏误问题，认为表达时前后小句句式混乱、语义不连贯、指称滥用等是口语语段表达的突出问题，应该引起教学重视。这种以录音实录口语语段的方式使研究本身更贴近真实语料。

吴茗（2008）取材较为新颖，来自目前流行的互联网中汉语作为第二语言的博客，其研究对象是一名以英语为母语的初级汉语水平学习者。该文观察到的博客篇章偏误有照应方面的偏误、省略方面的偏误、逻辑联系语方面的偏误和时间表达方面的偏误。其不足之处在于只描述了个别的偏误现象，对篇章偏误原因、类型等方面的分析还不够深入、不够系统。

以上研究从研究内容到研究方法都体现了对汉语作为第二语言教学视角下的语篇研究这一原本空白的领域的突破。这些研究成果揭示了汉语作为第二语言学习者在汉语语篇构建过程中存在的问题，引起了学界对留学生语篇运用中偏误现象的关注。但毋庸置疑，通过上述对已有成果的梳理和总结，我们发现，尽管汉语作为第二语言视角下的语篇应用研究已有了一定数量的成果，但也存在明显缺憾：

（1）研究内容零散，系统性不足。语篇研究内容主要集中在衔接手段运用方面，且在代词、指称、照应方面成果较为集中，而在语篇语义衔接、语篇语用特征等方面则成果不多，对于汉语学习者构建语篇的总体情况把握不够。

（2）研究视野狭窄。研究的焦点较为集中地体现在语篇的衔接与连贯方面，将形式上的衔接手段作为衡量文本连贯的唯一必备条件，研究焦点集中在语言连贯的表层特征——各种衔接手段上，而对于文本的内在逻辑关系、形成语篇连贯的多层次因素、不同文体语篇的连贯特点以及二语学习者的语篇连贯能力等方面的研究存在明显的不足。

（3）研究方法单一。有相当数量的研究成果研究模式程式化——针对留学生语篇衔接的某一现象，列出表现、分析错误、总结原因、提出教学对策。研究方法有待丰富，研究层次有待深入。

第二节　本书的研究内容及方法

通过前文对汉语作为第二语言视角下的语篇研究成果的梳理，我们可以发现，汉语作为第二语言视角下的语篇研究大多是依据西方语篇分析理论和分析方法，对照考察二语学习者汉语语篇中的偏误表现并对形成偏误的原因进行简单的分析和总结，而对二语学习者汉语语篇的整体结构特征和表现尤其是对语篇建构过程中语篇意义的建构几乎没有涉及。要想对二语学习者汉语语篇状况有一个全面的把握，对其语篇的结构特征和意义构建方式的研究就无法跨越或者忽视。本书的研究尝试改变目前语篇研究单一、零散的状况，研究范围围绕语篇建构的宏观和微观因素，从语篇的外部形式到内部意义，从文体、语体、结构模式到主题推进，力求对二语学习者汉语书面语篇的生成表现有一个全面、系统的把握。

本书的绪论部分首先对已有汉语作为第二语言教学语篇研究成果进行了梳理与总结，以便对目前的语篇研究现状有一个总体的把握；同时，也使本书的研究能够更好地针对目前研究中尚未涉及的内容，或者前人研究中有所涉及但不够深入的问题进行研究，从而避免对前人时贤已有的成果进行无益的重复研究。

除"绪论"外，全书共分十章：第一章是对留学生汉语语篇形式特征的把握和描述；第二章、第三章分别探讨了留学生语篇的文体特征和语体特征；第四章针对留学生书面语篇中的"口语化"倾向进行了实证研究；第五章对汉语书面语篇的结构特征和结构体系进行了理论探讨；第六章和第七章对留学生叙事语篇和论说语篇的结构模式进行了归纳和分析；第八章对汉语语篇的话题系统进行探讨；第九章分析和提取留学生汉语语篇的话题链类型及话题推进模式；第十章对考量语篇质量的整合因素进行了探析。

第一章"留学生 HSK 作文的形式特征"所考察的语篇形式特征主要为构成汉语语篇的外在形式特征，包括作文标题、段落、开头、结尾。将 HSK 动态作文语料库中 400 万字的语料从 40 分到 90 分分为六个分数段，分段考察二语学习者写的汉语语篇在标题、段落、开头、结尾方面的特点，尤其是通过不同分段在四个方面的差异对比，能够动态地反映出二语学习者语篇结构意识的发展轨迹。

第二章"留学生语篇的文体特征"将语料库中历年 HSK 作文题目从文体的角度归纳出较为普遍的几种文体类型，根据留学生对相同的作文题目所体现的不同文体的归类情况，归纳和总结出留学生在书写作文的过程中呈现出的有意识或者无意识的文体选择的倾向性趋势。

第三章"留学生语篇的语体特征"和第四章"HSK 作文的'口语化'倾向的语体表征"探讨了二语学习者汉语语篇的语体状况。第三章从较为宏观的角度概括出留学生语篇"口语化"、"语言语法隐化"、"信息量弱化"的总体体征。第四章针对目前对外汉语学界已有所意识但尚缺少扎实论证的"口语化"倾向问题，以语气词、人称代词和介词为考察点将 HSK 语料库作文与汉语母语使用者语料库中的语料进行了对比研究。

第五章"语篇结构的特征及体系"、第六章"留学生叙事语篇的结构模式研究"和第七章"留学生论说语篇的结构模式研究"这三章共同探讨了语篇结构问题。第五章是在已有研究成果的基础上对汉语语篇的结构类型和模式进行了简单的概括，以便分析留学生语篇结构时有所参照。第六章和第七章则分别对留学生叙事语篇和论说语篇的结构类型和结构模式进行了描写和分析，从中既发现了二语学习者的语篇与汉语母语使用者书写的语篇在结构模式上的一致性，也揭示了二语学习者在语篇结构上的特殊性表现。

第八章"语篇表达与语篇话题系统"、第九章"留学生语篇话题链特征研究"从语篇话题链和话题推进方式的角度探讨了语篇意义的确立、拓展和延伸方式，提取并归纳了留学生语篇中出现频率较高的话题链形式及话题推进方式。

第十章"二语写作语篇整合研究"从宏观整合和微观整合角度，以高中低三个分数段的 HSK 文本语料为例证考察了语篇整合的不同层次所包含的整合要素，分析了宏观整合和微观整合与语篇质量之间的关系。

本书的研究方法采用理论与实证相结合的研究方式，以北京语言大学 HSK 动态作文语料库中 400 万字的留学生汉语书面语语料为主要分析语料，部分章节采用了国家语委现代汉语语料库、北京语言大学现代汉语语料库、北京大学现代汉语语料库以及已有学者研究中的语料库数据，用于与留学生汉语语料的对比研究。运用语料库研究方法，结合数理统计方法，对留学生汉语作文进行了多角度、多层次、分等级的定量与定性研究，以期对对外汉语的语篇研究、语篇教学以及教材编写提供一些量化的参考依据。

第一章　留学生 HSK 作文的形式特征

为了把握留学生汉语语篇的基本概貌，我们对北京语言大学 HSK 动态作文语料库（以下简称"语料库"）中所有语料以作文分数作为分档标准做一全面考察。语料库中的作文分数区间从 40 分—90 分，分为 40 分段、50 分段、60 分段、70 分段、80 分段、90 分段共六档，所考察的语篇形式特征主要为构成汉语语篇的外在形式特征，包括作文标题、段落、开头、结尾。标题分为有标题和无标题；段落分为 1 段、2 段、3 段以及 3 段以上；开头分为直接式、迂回式、其他；结尾分为自然结尾、照应结尾、没写完。以下将依据统计结果加以揭示与分析。

第一节　基本概况统计

语料库中各分数段语篇数量分别为：40 分 68 篇，50 分 350 篇，60 分 1786 篇，70 分 2009 篇，80 分 1032 篇，90 分 606 篇，语料总计 5851 篇。我们的考察去除了书信体语篇，加之部分语料无法识读，各分档中实际统计语料略少于语料库语篇总数，为 4201 篇。各分数段基本概况如下：

表 1-1　　　　　　　　　　40 分作文统计（共 56 篇）

项目	标题		段落				开头			结尾		
分类	有	无	1	2	3	以上	直接	迂回	其他	自然	照应	没写完
数量	22	34	24	20	9	3	35	6	15	13	1	42
比例	39.3	60.7	42.9	35.7	16.1	5.3	62.5	10.7	26.8	23.2	1.8	75.0

说明：以"标题"列为例，"数量"指在总计 56 篇的 40 分作文中，有标题的共 22 篇，无标题的共 34 篇，"比例"指 22 篇有标题作文在 56 篇作文总数中占 39.3％，34 篇无标题作文在 56 篇作文总数中占 60.7％。其他各列的理解同此。表 1-2 至表 1-6 将不再一一作出说明。

表1-2　　　　　　　　50分作文统计（共283篇）

项目	标题		段落				开头			结尾		
分类	有	无	1	2	3	以上	直接	迂回	其他	自然	照应	没写完
数量	108	175	86	65	81	51	230	41	12	72	17	194
比例	38.2	61.8	30.4	22.9	28.6	18.1	81.3	14.5	4.2	25.4	6.0	68.6

表1-3　　　　　　　　60分作文统计（共1380篇）

项目	标题		段落				开头			结尾		
分类	有	无	1	2	3	以上	直接	迂回	其他	自然	照应	没写完
数量	679	701	215	258	417	490	1054	229	97	942	36	402
比例	49.2	50.8	15.6	18.7	30.2	35.5	76.4	16.6	7.0	68.3	2.6	29.1

表1-4　　　　　　　　70分作文统计（共1241篇）

项目	标题		段落				开头			结尾		
分类	有	无	1	2	3	以上	直接	迂回	其他	自然	照应	没写完
数量	688	553	158	122	353	609	953	236	52	870	215	156
比例	55.4	44.6	12.7	9.8	28.4	49.1	76.8	19.0	4.2	70.1	17.3	12.6

表1-5　　　　　　　　80分作文统计（共750篇）

项目	标题		段落				开头			结尾		
分类	有	无	1	2	3	以上	直接	迂回	其他	自然	照应	没写完
数量	425	325	49	78	162	461	437	311	2	597	127	32
比例	56.7	43.3	6.5	10.4	21.6	61.5	58.2	41.5	0.3	78.8	16.9	4.3

表1-6　　　　　　　　90分作文统计（共491篇）

项目	标题		段落				开头			结尾		
分类	有	无	1	2	3	以上	直接	迂回	其他	自然	照应	没写完
数量	317	174	18	28	82	363	271	214	6	332	134	25
比例	64.6	35.4	3.7	5.7	16.7	73.9	55.2	43.6	1.2	67.6	27.3	5.1

第二节　统计数据的分类分析

一　标题特征

标题是语篇主旨内容的体现，也是语篇结构最基本的构成成分之一。一篇汉语作文是否具有标题也是留学生对汉语语篇基本结构是否把握的表现之一。HSK 作文是要求学生根据给定的题目书写的命题作文。六档分段作文题目有无的大致比例如表 1－7：

表 1－7　　　　　　　　　　　各分数段标题统计

分数段	40 分	50 分	60 分	70 分	80 分	90 分
无（%）	60.7	61.8	50.8	44.6	43.3	35.4
有（%）	39.3	38.2	49.2	55.4	56.7	64.6

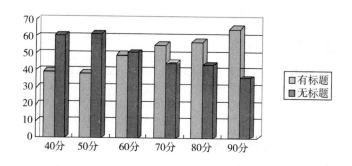

　　柱状图横轴为作文各分数段，纵轴为各分数段有标题作文与无标题作文的百分比。从柱状图上可以清晰地看到，从 40 分至 90 分段作文中，以 60 分作文为分界，40 分至 50 分中无标题作文比例大于有标题作文，60 分作文有标题与无标题比例大致相当，从 70 分段至 90 分段，有标题作文比例逐渐高于无标题作文。这说明汉语语篇结构意识的增强是语篇质量逐步提高的重要表现之一。

　　在有标题的作文中又存在以下几种情况：

　　1. 在题目上加上了标点符号。使用数量最多的标点符号是书名号，这类情况在有标题的 2239 份作文中有近 800 份，约占 40%，且在低分至高分各段作文中均有出现。此外还有题目上使用问号、叹号、省略号的情况，但数量较为有限。

　　2. 标题位置不正确。有的作文标题在第一行顶格书写，不了解汉语书面语语篇标题居中的要求；有的作文标题写在格子上部的空白处，猜测其原因可能有两种情况，一是不了解汉语文章标题的书写方式，二是发现遗漏标题但正文已在第一行书写，于是就补写在格子上面的空白处。

3. 转写题目。HSK 作文基本都属于给定材料同时给出了题目，如"父母是孩子的第一任老师"、"口香糖与环境卫生"、"如何看待安乐死"等，有一部分语料在写作时根据个人对材料的理解转写了题目，如将"记对我影响最大的一个人"转写成"记我的爷爷"使给定题目更加具体化；将"绿色食品与饥饿"转写成"我不要饥饿"，从而将题目中的两层对比关系缩减成了一层的观点陈述。有些作文题目的改写偏离了原题，如"父母是孩子的第一任老师"自拟题目为"独立"；"吸烟对公众利益的影响"改写为"吸烟有害健康"。

二 段落特征

段落是语篇单位，是作者在写作过程中强调或者思路转换的结果。对于段落，通常有两种理解，一种是"自然段落"，书面语中以另起一行，缩进几格等形式表现出来的语言单位。另一种是"语义段落"，当代语篇研究通常称为"主题单位"或者"逻辑结构"，是表达某个话题或主题的语言单位。本研究所指的是"自然段落"。

自然段落是语篇外在特征的表现方式之一。从篇章结构角度来说，自然段是篇章构建的基础，将结构上可以起重要作用的部分独立出来，有助于理清篇章的脉络，使篇章层次分明；从逻辑语义角度来说，自然段通常可以表达作者在写作过程中的一个相对完整的思路；从功能修辞学角度来说，自然段可以突出作者的某个思想和意图，具有情感表达功能，同时反映了作者的篇章段落风格；从心理学角度来说，自然段可以降低读者阅读时的晦涩度和难度。汉语典型的段落标记是另起一行，缩进两格，作为段落的开头。留学生汉语作文以 600 字作文为要求，段落表现少至全文 1 段，多至全文 6、7 段。我们对 4201 篇作文的段落分为 1 段、2 段、3 段及 3 段以上进行了分类统计，如表 1-8：

表 1-8 各分数段段落统计

分数段	40 分	50 分	60 分	70 分	80 分	90 分
总数（篇）	56	283	1380	1241	750	491
1 段	24/42.9%	86/30.4%	215/15.6%	158/12.7%	49/6.5%	18/3.7%

分数段	40 分	50 分	60 分	70 分	80 分	90 分
2 段	20/35.7%	65/22.9%	258/18.7%	122/9.8%	78/10.4%	28/5.7%
3 段	9/16.1%	81/28.6%	417/30.2%	353/28.4%	162/21.6%	82/16.7%
3 段以上	3/5.3%	51/18.1%	490/35.5%	609/49.1%	461/61.5%	363/73.9%

说明："24/42.9%"意为具有 1 个段落的作文在 40 分段中共有 24 篇，占 56 篇总数的 42.9%。表 1-9、表 1-10 均可同此理解，不再一一作出说明。

从上表中可以看出，40 分、50 分低分段中，不分段落的作文占绝大多数，而 3 段以上的作文所占比例最低，其原因我们推测一是由于汉语书面语写作的能力和意识的限制而不会分段落，二是根据两分数段中没写完的作文比例分别占各分数段总数比例的 75% 和 68.6% 的情况来看，作文字数有限也对作文结构上的分段产生一定影响。60 分、70 分的中等分数段中，不分段落的情况明显下降，3 段及 3 段以上作文比例明显增加。在 80 分、90 分高分段中，相较于低分段，不分段和 3 段以上的情况完全倒置，3 段以上作文占绝大多数，而不分段落的情况则大幅度降低，这说明作文分段意识和段落数量随作文能力的提高呈正向发展趋势。除了段落数量上的表现，各分数段留学生作文在段落上还存在以下几种现象：

1. 段落标记不一。前文说到汉语书面语典型的段落标记是另起一行，缩进两格。留学生作文中，分段形式缩进一格、两格、三格甚至四格的都有，另起一行时中间空一行，或者不缩进的情况都有显现。如图 1-1 和图 1-2

图 1-1　作文编号 199412104525100117，50 分段

2. 分段具有较强的随意性。段落是作者在写作过程中构思语篇方式的体

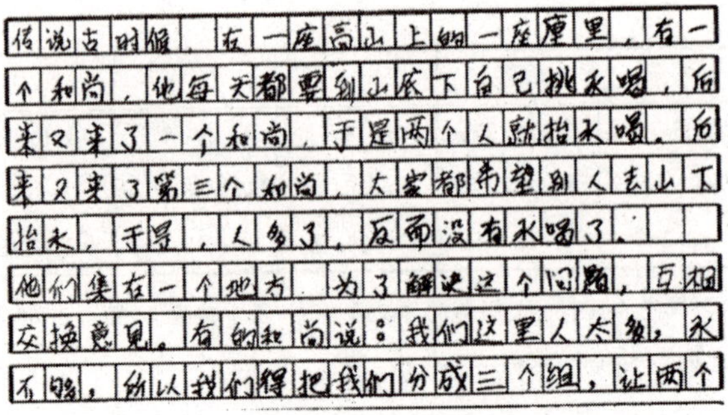

图1-2　作文编号199605550523190056，50分段

现，常常带有作者的主观因素，不同的人书写相同的内容会形成不同的段落表现。影响段落划分的主要因素有：（1）语篇的体裁特点；（2）语篇的语体属性；（3）语篇的篇幅；（4）写作目的；（5）作者的写作风格等。除了这些因素以外，表达内容的密切相关性也是语篇分段重要的内在制约因素。留学生作文中分段的随意性表现在有的以段为篇，全文无段；有的以句为段，全文凌乱不堪。600字左右的作文有7、8个自然段的作文数量不在少数。如图1-3。

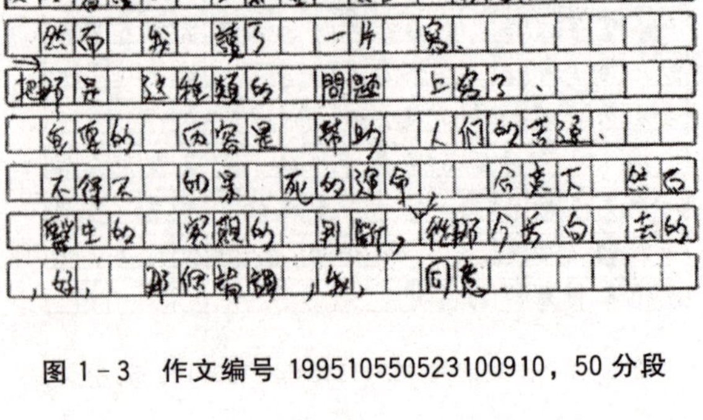

图1-3　作文编号199510550523100910，50分段

三　开头特征

文章的开头是语篇的有机组成部分，它通常是和标题直接相联系的，首先，要起点题的作用。其次，开头又是通向中心的入口，和中间部分的内容、全文的主题密切相关，要起到启开下文的作用。开头所必须具有的这两个作用，即是古代文章学中所谓的"文章开头之法"。文章开头的作用就是用不多的笔墨，吸引和指引读者进入文章。

我们将开头方式归纳为三类加以统计：直接式、迂回式和其他。所谓直接式就是通常所说的开门见山，是汉语语篇中最常见的开头方式，指文章开头直接点明主旨；所谓迂回式是指采用了背景引入、倒叙、联想等方式从旁入手间接引出文章主旨的方式；所谓其他是指文章开头看不出与文章题目及内容有明显的联系，给人以文不对题的感觉。统计情况见表1-9。

表1-9　　　　　　　　　各分数段开头统计

分数段	40分	50分	60分	70分	80分	90分
总数（篇）	56	283	1380	1241	750	491
直接式	35/62.5%	230/81.3%	1054/76.4%	953/76.8%	437/58.2%	271/55.2%
迂回式	6/10.7%	41/14.5%	229/16.6%	236/19%	311/41.5%	214/43.6%
其他	15/26.8%	12/4.2%	97/7%	52/4.2%	2/0.3%	6/1.2%

在各个分数段作文中，开门见山的开头方式是使用频率最高的，只是在低分段和中分段中开门见山式占绝对优势，而在高分段中迂回式与开门见山式的比例大致相当，说明随着写作水平的提高，作文开头方式逐渐丰富。下面我们结合语料，对具体的开头形式予以说明：

1. 直接式：典型的直接式就是开门见山，也就是作文开头的第一句话就紧扣题目，直接由题目中的核心关键词引出写作内容。例如：（例句中括号内的汉字是对原文中使用不当的词语的修改或者遗漏词语的添加，末尾的数字是语料库中语料的标号，文中将不再——作出说明）

"三个和尚没水喝"这个故事，通过一个很幽默的方法告诉人们一个有趣而严格（肃）的社会现象，就是：有时，一个人能做到的事情，几个人在一起不能做到了！

（50 分段 作文编号 199605104610100151）

　　上例的作文题目是"由'三个和尚没水喝'想到的"，作文开头直接点明对故事的领悟。除此以外，直接式还体现为虽然采用了引用谚语、俗语开头，用设问、反问方式开头等方式，尽管没有上例那么典型，但依然属于紧扣题目直接揭示作文主旨的方式，在一定程度上体现了留学生作文在开头方式上还是具有一定的变化性的。例如：

父母是孩子的第一任老师

　　在我的国家日本有一句俗话说"孩子是看着父母的后背长大的"，日本也素有"父母是孩子的第一任老师"这样的想法。父母的行为、举止、想法是非常影响他们的孩子的。孩子在日常生活中不知不觉地跟父母学习知识、品德习惯，知道善恶、应该不应该、生活的各种各样的标准。

（50 分段 作文编号 200505109525202494）

记对我影响最大的一个人

　　对我影响最大的一个人是谁呢？我敢（想）说是我的女朋友，她的名字叫朴镇希，不知（是否会）有人朝我一笑说：你这个没有男子汉（气）的，提自己的女朋友当自己影响最大的人，真笨！

（50 分段 作文编号 199505104523100099）

　　2. 迂回式：是指采用了背景引入、倒叙、联想、修辞手法等方式从旁入手间接引出文章主旨的方式。开门见山式开头直接明了，而迂回式则在文章如何吸引人方面注入了更多的构想和设计。例如：

如何面对挫折

　　人生像什么？有人说人生像演戏，有人说人生像战斗，我觉得人生像一条漫长的路，有时像翻山越岭，起伏不平，有时像平原大坝，笔直无阻，有时要开洞以通过，架桥以达目的地，付出的代价和汗水是很大的。

（90 分段 作文编号 199909529529151001）

文章开头没有涉及如何面对挫折，而是运用排比和比喻的方式提出人生的过程需要付出代价和汗水，为什么要付出代价和汗水是因为人生会遇到很多挫折和困难，接下来提出解决困难和挫折的办法，全文环环相扣富有逻辑，而开头的修辞手法的运用生动形象而又贴切。

由"三个和尚没水喝"想到的

读了短文以后，我想到在日本上小学的时候。在日本中、小学的时候大部分学校有"给食"，"给食"是一种盒饭。……我去学校的目的是，一吃"给食"，二"学习"。我们班里有"给食係"，是给四十多人配盒饭的人。（"给食係"）自己喜欢吃的菜给自己皿子里多放一点，自己不喜欢吃的菜少放一点。短文里的和尚与"给食係"完全一样，都管自己对别人都不管。中心是自己，别人都没关系，社会上这样的人多（的话）那么很不方便。

（50 分段 作文编号 199605104525100348）

由于语言水平的限制，全文表达有些不太通顺，但不影响我们对全文意思的理解。文章由日本中小学中"给食係"的做法，联想到短文中三个和尚的做法，认为在"自私"这一点上，他们很相似。暂且不说这种类比是否贴切，但这种联想类比的开头方式比平铺直叙更有设计感，更具有吸引力。再如：

如何看待代沟

现代（如今），这个世界很多东西在很多方面变化很快！随着现代化、高技术化的潮流，连人的人性和品性也变化很大。……现代化潮流已给人类生活和观念（带来）很大变化。代沟，这也是现代化产生的不好结果之一……

（50 分段 作文编号 199610550523190031）

该例文从社会飞速变化的背景引入文章开头，作者认为现代化和高科技化是带来人性变化的根源，同时也是代沟产生的根源。这样的立意既与时代感相连同时又具有一定的创新性。作文的开头很新颖，但由于考试时间到了没写完，作文只写了开头，没来得及展开，所以得分较低。

四　结尾特征

结尾是文章的结束，我国古代文章法曾提出凤头、猪肚、豹尾的文章结构观。我们将作文结尾分为自然结尾、照应性结尾以及没写完三类进行了统计。所谓自然结尾是指文章内容的自然结束，没有明显的结尾标记；所谓照应性结尾是指采用照应文章开头观点或者对全文观点进行总结使全文前后内容体现出有机关联的结尾方式。之所以将没写完作为一项统计内容，主要是因为我们考虑对于限定时间的作文写作，作文是否写完与书写者的汉语水平存在一定的关系。统计结果见表 1-10：

表 1-10　　　　　　　　　各分数段结尾统计

分数段	40 分	50 分	60 分	70 分	80 分	90 分
总数（篇）	56	283	1380	1241	750	491
自然结尾	13/23.2%	72/25.4%	942/68.3%	870/70.1%	597/78.8%	332/67.6%
照应结尾	1/1.8%	17/6%	36/2.6%	215/17.3%	127/16.9%	134/27.3%
没写完	42/75%	194/68.6%	402/29.1%	156/12.6%	32/4.3%	25/5.1%

在 40 分、50 分的低分段中，没写完的作文占绝大多数，照应性结尾的作文数量极少，在 6% 以内。在 60 分、70 分的中分段作文中，没写完的作文数量大幅度下降，自然结尾的作文占绝大多数。在 80 分、90 分的高分段作文中，没写完的作文数量所占非常有限，在 6% 以内，自然结尾的作文仍占主流，但照应性结尾的作文数量增加，尤其是 90 分作文，照应性结尾作文数量比例接近 30%。

1. 自然结尾例示。典型的自然结尾是在最后一个自然段中，该段表述的内容结束了，全文便随之结束。

学习汉语的苦与乐

我是一个生长在马来西亚的华裔，汉语对于我来说可以说是我的母语。但因为当地政府实行的教育政策和规定，我自始是把汉语当作第二语言来学习，而经历了许多的苦与乐。

……

学习汉语的乐处可真多。在看国语电影时，能了解电影剧情和对白而不需靠字幕和翻译，和别人用汉语来交谈的亲切感等等。

70 分段　作文编号 1994095435191100218

省略部分是作者介绍了在马来西亚使用和学习汉语所受到的嘲笑和歧视，以此说明学习汉语过程中所受到的苦难，最后一段用简单的两句话说明了学习汉语的好处和快乐。尽管文章围绕作文要求从苦乐两个方面展示了学习汉语的感受，但结尾之处只是用列举性的方式简单点出学汉语的快乐未能展开，给人戛然而止、意犹未尽之感。

2. 照应性结尾例示。照应性结尾是在叙述或说明临近结束之时，再一次对开头的关键性话语作出照应。这样的表述不是一种简单的重复，而是对文章的内容和结构起到了很好的回环呼应。如下例：

记对我影响最大的人

有生以来对我影响最大的人是我的父亲。我家里有 6 个兄弟姐妹，我们从小跟父亲一起生活，因此，为了我们 6 个兄弟姐妹成为有用的人，他对我们要求比较严格。

……

我现在想想，父亲对我的教导成为（就）了现在的我，我最尊敬我的父亲。

70 分段　作文编号 199412104523100109

省略部分是作者用四个段落介绍了父亲是如何在言行两个方面引导作者做人、处世，结尾一段既是对全文的总结，也是呼应了文章开头，使文章内容照应紧密、结构完整。

第二章　留学生语篇的文体特征

第一节　文体及文体分类

一　"文体"的内涵

"文体"一词的基本内涵是什么？这在学术界是一个众说纷纭的问题，其主要表现乃是有众多的近义词。例如：在古代汉语乃至现代汉语中，与"文体"词义相接近或相交叉的词，有"体制"、"体式"、"样式"、"体裁"乃至"文笔"、"风格"等；而在西文（英语）中，则有"mode"，汉语译为"方式"、"样式"、"程式"、"风气"等；"genre"汉语译为"体裁"、"流派"、"风格"、"类别"、"类型"等；"type"汉语译为"类型"、"样式"、"样本"、"式"等。下面以当前通行的汉语辞书或专业知识工具书来看人们对于"文体"一词的概念内涵的基本理解：

《辞海》（上海辞书出版社 1979 年版）的"文体"释义有两项：

> 文章的风格。钟嵘《诗品》卷中："（陶潜诗）文体省静，殆无长语"。又，"观休文（沈约）众制，五言最优。详其文体，察其余论，固知宪章鲍明远也。"

> 也叫"语体"。为适应不同的交际需要而形成的语文体式。有几种不同的分类，一般分为公文文体、政论文体、科学文体、文艺文体等。

《古代散文百科大辞典》（学苑出版社 1991 年版）的"文体"释义也有两项：

> 指文章的风格体制。它决定于文学所反映的内容，由语言、结构、表现手法、文学技巧等形式因素构成，具有时代的、社会的、个人的特色，如文学史上的建安体、齐梁体、吴均体、元白律。
>
> 指文章的表达方式及规格与程式，即文学体裁。就散文说，从表达方式分，有叙事体、说明体、议论体、抒情体等。就应用场合、书写程式分，有公文、社会交际应用文等。文体一旦形成，有相对的稳定性、独立性。各种文体，都有自己的构成要素，是约定俗成的，必须遵守的。

至于《中国实用文体大辞典》（山西经济出版社 1993 年版）的"文体"的释义则是：

> 文章体裁的简称。文章反映社会生活、表达思想感情的具体形式。产生于人类运用书面语言的实践，又随着社会生活的发展而不断发展变化。

从以上对"文体"概念内涵的理解来看，其基本的共同点在于：主要强调"文体"是文章的相对其思想内容而言的形式要素。大多承认"文体"的概念有两个层次，即整体性的，系指文章的风格体制；具体性的，系指文章的语体按表达方式或书写程式的分类，由此接近于一般意义的文章体裁。如果对"文体"概念作最简单的或最基本的把握，在一般情况下认定为"文章体裁"的同义语。

之所以出现不同的理解与把握的情况，从理论逻辑上说，是忽略了文体概念本身的狭义性和广义性的区分，因此往往在不同的场合，从不同的视角出发，对文体的概念作狭义或广义的理解。同时，还在于未能充分认识到：文体概念的形成是一个历史过程，而它的构成要素，在这一过程中又有不同的阶段性的主要指归。

文体作为文章学的基本概念，其最初的提出大致是为了适应文章（书面文字作品）的基本形式分类的需要，而且这种分类又相当简单。而随着文明的进步、文章的发展，文字作品不仅有思想内容上的重大变化，甚至在外在的表现形式上也日趋繁杂。与此相适应，对于文章的分类必然由简而繁、由粗到细。但无论如何，从外在表现形式着眼对文章分类，便是文体概念的第一步，体现了其狭义性。考察中外文明发展史，不难发现先人对于文体的认识，起初往往从两个角度（既独立又交叉）区分：一是文章语言特点的差异：或韵文，或非韵文（散文）；二是文章作为社会文化交际形态在适用性方面的差异：或美术文体（语言艺术作品），或非美术文体（应用文）。再进一步，则主要表现在上述两个角度区分的基础上再作某种较细的划分，如韵文中有诗、词、曲，散文中有记事体、论说体等。另外，同是应用文则分析出法律文书、书信、日记之类。由此可知，在文体概念的形成初期，其内涵指向的确在于文章的体裁特征的区分。换言之，文体概念的狭义性，当指文字作品最基本的、外在的语言表现方法的差异。虽说这种差异是为被表述的具体内容所决定的，但它毕竟有相当的独立性，即属于相对纯粹的语言形式问题。文体的概念内涵从狭义发展为广义，其重要的原因在于文学作品从一般的文章中独立出来，至少具有了相对的独立性。在这种情况下，又有比较纯粹的文学批评的产生，以文学批评者的立场，把文学作品（美术文）与非文学作品（应用文）区分开来，自是题中应用之义。而在对文学作品作具体的分析评判时，原先的那种狭义的文体概念的不适用性是显而易见的，因为只是从语言表述形式的差异出发去评判千变万化的文学作品，不能不失之于简单化。例如，仅仅从语言表述形式的差异即体裁的角度，只能对文学作品作最宽泛的分类，却难以深入到对作品的语言表述形式与其所表现的思想内容的结合方面的种种特点的揭示，而这方面的揭示乃至进一步的分析评判，对于文学批评来说又显得格外重要，忽略这一点其实就是否定文学批评的合理性和必要性。另外，对文学作品来说，其文本的语言表述形式展开过程中所呈现的各种特殊的形态，由此折射（反映）出来的作家的不同的思想方式、感觉方式、体验方式的个性特点，是文学批评所应关注的问题。正是在这种情况下，便有了风格、流派一类的提法，并且也把它们认定为与纯粹的语言形式（体裁）有关联的问题。至此，所谓文体的概念内涵突破了体裁的限制而获得外延，换言之，把风格、流派等因素归入了文体概念，于是产生了文体概念的广义性。

至此可知，文体乃是对作品的与其思想内容有联系的全部形式因素的基本特征所含的整体上的差异性的判断。其狭义，主要指作品文本的外在表现形式（如语言表述特征、表达思想内容的思维逻辑形式，乃至篇章结构的程式等），其中多注意一般的体裁特征问题；其广义，则进一步注意文本的外在表现形式在展开过程中所呈现出来的表现形态的差异，以及与此有紧密关联的属于内在表现形式（如思维方法、感觉方法、体验方法等）的个性特点，而这一切集中于通常意义上的风格特征问题。（朱文华，2001）

从文体概念的狭义性和广义性的发展轨迹可以看出，文体概念的发展是与语言学、文学批评等相关学科的发展紧密相连的。西方的文体研究也体现出了同样的轨迹，20 世纪 80 年代，随着语篇分析、言语行为理论和语用学等学科的发展，文体学的研究也呈现出新的趋势。Carter & Simpson（1989）把这一时期的文体学称为"话语文体学"，并将文体学分为文学文体学和语言学文体学。他们这样解释二者的区别：语言学文体学的目的是"从对文体和语言的研究来改进分析语言的模式，从而促进语言学理论的发展"；而文学文体学则"为更全面地理解、欣赏和阐释以作者为中心的作品提供基础"。文体学的发展不仅对语言学理论和文学批评作出贡献，对第二语言研究和教学也有积极意义。20 世纪 70 年代曾经出现过以 Henry Widdowson 为代表的"教育文体学"，将研究重心从文体理论转移到教学意义上，认为作为阅读的一种形式，文体分析对学生具有直接的意义（不论是母语学生还是第二语言学生）。20 世纪 80 年代又有许多文体学家将文学研究与语言研究融为一体，在学生阅读文学作品之前让他们进行各种语言练习，这不但能提高学生的阅读和写作技能，而且能培养他们对各种语言形式的认识和敏感（如文学的和非文学的、正式的和非正式的等）。这些对第二语言教学都有积极的意义。

二　文体分类

科学研究常常就是从分类开始的，对于事物分门别类的研究，有利于全面把握和深刻理解事物。文体分类是文体研究最基本、最关键的问题，同时又是一项极其复杂和相当困难的工程。在我国，文章学、写作学、文体学、文学理论等学科都尝试从各自学科的研究范畴和视角，对文体进行分类。

文章学或写作学按照表达方式给文章进行分类，所谓表达方式是指作者运用语言文字表达思想内容的基本手段，它是由写作目的决定的。写作总是需要运用一定的语言手段表达信息内容，写文章必然涉及事件的陈述、形象的展现、情况的说明、感情的抒发、道理的阐述等内容，这些都需要借助特定的表达方式。表达方式通常分为五种，即叙述、描写、说明、议论、抒情，前四种表达方式各有各自的特点、功能，属于不同的思考类型、回答不同的问题，而抒情则依附于叙述、描写、说明和议论。按照表达方式，文体通常分为记叙文体（包括记叙散文、报告文学、微型小说、通讯、消息等）、抒情文体（包括抒情散文、诗歌等）、议论文体（包括评论、杂文、学术论文等）、说明文体（广告、说明书、科学小品、解说词等）以及应用文体（包括计划、总结、调查报告、合同、书信等）。这一传统的分类方法有着广泛的影响，国内中小学语文教学以及第二语言教学领域在作文课程教学中通常采用该文体分类。但有学者也指出该分类存在着明显的不足，其分类立足于表达方式和文章功能的双重标准，没有体现出书面语言产品类别划分的层级性，导致文章类型存在类属交叉甚至无法入类的情况，因此分类的系统性和连续性不足。（陈家生，2010）

王泽龙（2013）在《文体分类新探》中以文体所具有的内容和形式方面的相关要素，包括反映对象、社会功能和反映方式、成品形态等为分类标准，对文体进行了多层次的分类划分。第一个层次，采取二分法，把全部现代文体粗分为文学类文体和非文学类文体，即文学作品和狭义文章两大类。文学作品和狭义文章虽然都是周密组织、独立成篇的语言文字，存在诸多相通的属性和特征，但两者仍有不可混淆的本质性区别。用现代写作学的观点来看，文学作品就是用语言塑造形象以反映社会生活、表达作者思想感情的艺术作品；狭义文章则是反映客观真实对象、非虚构而又不以韵律节奏的形式（即诗歌形式）来表达内容、不以给人审美享受为指归的书面语言作品。两者分属意识形态领域的两大类别：文学作品属于艺术范畴，狭义文章属于科学范畴。当然，这里的科学并非严格意义上的科学规律的阐述，而是指具有一定的理论或事实的科学价值。进而该文从反映对象、社会功能、反映方式以及成品形态四个方面详细论证了两类文体的对立性差异。第二个层次，分别采取二分法和多分法，把文学类文体分为"纯文字表现的文学文体"（可简称"表现性文学"）和"需演员表演的文学文体"（可简称"表演性文学"）两大门类，把非文学类文体分为新闻文体、传志文体、论说文体和应用文体四大门类。第三个层次，再进一步分别对文学类文体的表现性文学和表演性文学中的若干文体种类加以区分，也分别对非文学类文体的新闻文体、传志文体、论说文体和应用文体中的若干文体种类加以区分。第四个层次，在前三个层次的分类结果基础上，以第三个层次分出的若干个文体种类作为母项（属概念），再分别分出若干个具体文体。王文采用连续划分的方式，用二分法、多分法、复分法以及列举法构建了一个较之传统分类更为系统的文体体系。

就科学的基本范畴而言，分类属于一种逻辑行为，文体分类就是一种以各种文体为对象所进行的逻辑分类，而分类的标准，就是事物的本质属性或显著特征。就汉语作为第二语言学习者的书面语作文的属性和特征而言，无论是在传统文体分类的系统中，还是在当代文体分类系统中，为这些书面语作文找到文体定位并不困难。作为第二语言教学内容之一的书面语写作教学，其目的是在学习者掌握了基本的字词句的基础上，培养其文体意识、语体意识，提高书面语写作能力，进而提升其语言运用的综合能力。学习者书写的作文尚属于最基础的书面语篇形式，其文体类型多为传统文体分类中的记叙文、议论文等，即当代学者文体分类中非文学类文体中的狭义文章。但由于文章书写的主体是汉语非母语的学习者，其书面语篇在语言方式、结构方式、思维方式等方面与母语使用者书面语篇都存在明显的差异，并由此体现出二语学习者书面语篇在文体表现上的特殊性。

第二节 HSK 作文的文体表现

一 "HSK" 动态作文语料库中作文题目的分类

"HSK" 动态作文语料库中收录的作文是从 1992 年至 2005 年共 14 年的考试作文，作文题目共有 25 个，列举如下：

1. 父母是孩子的第一任老师（2005）[1]
2. 记对我影响最大的一个人（1994、1995、1997、2002）
3. 记我的父亲（1994）
4. 静音环境对人体的危害（2003）
5. 口香糖与环境卫生（2003）
6. 绿色食品与饥饿（2003）
7. 如何解决"代沟"问题（1996、2002）
8. 如何看待"安乐死"（1995、1996、2002）
9. 如何看待"妻子回家"（2001）
10. 如何面对挫折（2001、2002）
11. 谈有效阅读（2003）
12. 我的童年（2001）
13. 我的一个假期（2001）
14. 我对离婚问题的看法（2001、2002）
15. 我对男女分班的看法（2003、2005）
16. 我看流行歌曲（2005）
17. 我学汉语是为了……（2003）
18. 我最喜欢读的一本书（2003）
19. 吸烟对个人健康和公众利益的影响（2004、2005）
20. 学习汉语的苦与乐（1994、1995）

---

[1] 括号中是该题目的考试时间。

21. 一封求职信（1992、1993、1994、1995、2005）

22. 一封写给父母的信（2001、2002）

23. 由"三个和尚没水喝"想到的……（1996、2001）

24. 运动员收入（2004）

25. 最理想的结交方式（2005）

以上作文就题目而言大致可以分为四类——书信类、叙述描写类、议论说明类以及不定类。书信类通常在文体上归为应用文体类，所谓应用是针对其功能而言，从语篇结构方式而言，该类文体有着鲜明的体制特点，有着较为固定化的结构方式，即使作为同一类别，求职信和家书在语言的语体及表达方式上还是存在着一定的差别。

作文题目中的"记对我影响最大的一个人"、"记我的父亲"、"我的童年"、"我的一个假期"则可以归为叙述描写类，对于这类记人、记事的文章，既可以构成单纯的记叙事件的记叙文，也可以是叙述和描写交杂而构成的复合文，即在叙述事件的过程中通常会夹杂对人物外貌、心理、动作、形态以及对环境、事件进程状况等的描写。

所谓不定类是指根据对题目的理解，既可能将作文写成叙述描写类也可能写成议论说明类。如"我学汉语是为了……"、"学习汉语的苦与乐"、"由三个和尚没水喝想到的……"、"最理想的结交方式"这四个题目。"我学汉语是为了……"、"学习汉语的苦与乐"既可以采用说明的方式说明学习汉语的目的或学汉语的过程中感受到的苦与乐，也可以采用叙述的方式，通过典型的事例揭示目的或者描述学习过程中的感受；"由三个和尚没水喝想到的……"既可以以议论的方式论证从该故事中解读出来的道理，也可以是叙述由这个故事而联想到的自己国家的相似的故事；而"最理想的结交方式"则既可以采用说明的方式也可以采用论证的方式甚至也可以采用叙述的方式。因此这组作文题目都存在写成的作文成品具有复合体或不止一种文体的可能性。

除了以上三类，其余的作文题目大致可以归为议论说明类，如何解决"代沟"问题、如何看待"安乐死"、如何看待"妻子回家"、如何面对挫折、谈有效阅读，这一组作文是针对问题提出解决对策；口香糖与环境卫生、绿色食品与饥饿、吸烟对个人健康和公众利益的影响、我对离婚问题的看法、我看流行歌曲，这一组则是以论据为支撑论证自己的看法和观点。

从以上历年 HSK 作文题目可以看出，从语言教学的角度对第二语言学习者汉语写作能力的考察尚未涉及文学类文体（如诗歌、散文、小说），应用类文体涉及了书信体，考察的重点在于传统文章学视角下的议论文、说明文以及记叙文。用现代写作学的观点来看，文学作品就是用语言塑造形象以反映社会生活、表达作者思想感情的艺术作品；狭义文章则是不以给人审美享受为指归的书面语言作品。两者分属意识形态领域的两大类别：文学作品属于艺术范畴，狭义文章属于科学范畴，这里的科学并非严格意义上的科学规律的阐述，而是针对狭义文章的感性和艺术性相对较弱，而理性和规约性相对较强而言的。第二语言学习者的写作能力是语言能力的一个部分，相对于字、词、句来说，语段和语篇能力是相对高级的能力，但与创作艺术性的文学作品的能力相比，二语学习者的语篇能力仍属于较为基础的语言运用能力，因此，尽管 HSK 作文考试所涉及的文体类型较为基础，但这与语言教学的目的、需求以及实际状况是相吻合的。

二 留学生 HSK 作文的文体特征

作文题目只是对作文书写内容的一个大致的引导和界定，而作文成品的形成除了作文题目的引导或限定，还要受到写作者对题目的解读和理解、写作者自身的知识储备、语言程度、思维习惯和母语写作习惯等众多因素的共同制约，因此单纯从作文题目并不能完全确定作文成品必然是归属于某种文体，即使是母语写作，看似相似的题目，其成品语篇也可以属于不同的文体类型。以下面两篇选自《中级写作》教材中的例文为例：①

我的"三分钟热度"朋友

我有个朋友叫张雨，我们两家是邻居。从幼儿园到大学，我和张

---

① 蔡永强编著：《中级写作（Ⅱ）》，北京语言大学出版社 2012 年版。

雨一直在一起学习。大学毕业后，我们分开了，在不同的城市工作。虽然也常常联系，但毕竟不能经常见面了。

大学毕业时的张雨是一个漂亮、时髦的姑娘。高高的个子，黑黑的长发，大大的眼睛，是我们学校有名的美女。

其实，张雨是一个只有"三分钟热度"的人。她爱好广泛，学过音乐、体育、绘画、舞蹈等，但都水平不高。记得上中学时她学二胡，高高兴兴地拉了一阵子，忽然有一天把二胡挂到了墙上，从那以后就再也没有拿下来过。看书也一样，一本书她看不了多少页，就不想再翻了。后来她下决心学习流行音乐，可学了没多少时间，就说不想学了，结果所有的歌儿她都只能唱几句。

很多人都觉得"三分钟热度"是张雨的缺点，我却不这么看。三分钟可以做什么呢？人生其实不需要什么大的成功，只要高兴就好。张雨的内心其实很简单：做任何事情，只要开心就好。

张雨的"三分钟热度"让她见识广泛：别人没有看过的书，她翻过；别人没有经历过的事，她经历过。学校图书馆的书，她大部分都看过；学校的各种活动，她大概都参加过；社会上的好多工作，她大概都做过。张雨大学四年没有谈过恋爱，但却有很多男生是她的好朋友，关键的时候总能得到很多人的帮助。说实话，我内心真的很羡慕她"三分钟热度"的个性。

最近，张雨给我写 E-mail，说她正在玩儿拼图，还把她玩儿拼图的照片发给我看。我相信，不久我们见面时，她一定会告诉我：拼图没意思，已经不玩儿了……

中国古代的思想家和教育家——孔子

孔子的故乡是山东省曲阜市，如果他还活着的话，到今天已经2500多岁了。虽然孔子出生于2500多年前，但他却一直活在中国人的心里，因为孔子的儒家思想在后来成了中华民族的主流文化。

孔子不但是中国伟大的思想家，也是中国伟大的教育家。孔子及其思想对中国的影响是非常巨大的，例如，儒家的中庸思想在当今中国社会仍有着非常广泛的影响。

孔子之所以被称为思想家，很大程度上是因为《论语》这本书。《论语》并不是孔子自己写的，而是他去世后他的学生们根据他的言行整理而成的，是一部记录孔子思想和言行的著作。《论语》的内容非常丰富，包括怎么做人、君子的言行、道德标准、学习思想、教育思想、政治思想、社会管理，以及中医等。书中的很多名句，例如"己所不欲，勿施于人"、"不患寡而患不均"、"见贤思齐"等，直到今天仍然具有很强的影响力。

孔子之所以被称为教育家，主要是因为他的教育方式及教育观点。在中国封建社会，除了贵族，一般人没有受教育的权利。然而，孔子的教育方式很开放，任何人只要喜欢，都可以做他的学生。他在教育过程中提出了很多著名的观点，例如"有教无类"、"因材施教"、"温故而知新"、"三人行必有我师"等。

孔子一生都在积极传播自己的思想，他的很多观点，即使在今天，也仍然具有非常重要的意义。

两篇文章从题目上看都是写人的，前者的写作思路是：介绍我和张雨的关系—张雨的外貌描写—张雨的性格特征—我对张雨"三分钟热度"的看法—"三分钟热度"给张雨带来的好处—张雨的近况；后者的写作思路是：孔子生平—孔子思想对中国社会的影响—孔子被称为思想家的原因—孔子被称为教育家的原因—孔子的思想在当今的意义。前者的文章结构体现了分叙型记叙文的特征，即由同一事物的几个部分或几个特征共同构成一个完整的叙述，叙述过程中使用了描写和议论的手法，但描写和议论所占的结构比重不足以达到与叙述大致均等的程度，因此尚未构成叙述、描写、议论的复合文体，属于单纯的叙述文体；后者的文章结构则体现了分合型说明文的特征，即先总说、再分说、后总结，从思维形式上看，就是分析与综合相互结合的反映，也是汉语说明文中所占比重最大的一种结构类型。从语言特征来看，前者口语体特征明显，多用短句，表述中透着诙谐与幽默；后者书面语体特征明显，多用长句，逻辑严谨，表述正规。从语篇功能上看,前者重在展示特性塑造生动的形象,后者则重在说明、告知孔子思想的社会价值和意义。据此,尽管题目相近但前者属于记叙文,后者属于说明文。

根据前文对 HSK 作文题目文体类别的大致归类,我们对语料库中的每个作文题目的各分数段数量以及文体类型的把握作出了基本的统计和分析,具体情况如下:

(一)每个作文题目各分数段中的数量分布(见表 2-1)

表 2-1　　　　　　　　　　作文分数分布统计

作文题目	总数	90 分	80 分	70 分	60 分	50 分	40 分
父母是孩子的第一任老师	417	40	65	124	126	52	10
记对我影响最大的一个人	379	83	104	74	97	19	2
记我的父亲	59	5	15	15	15	8	1
静音环境对人体的危害	39	6	4	14	12	2	1
口香糖与环境卫生	8	2	1	4	0	1	0
绿色食品与饥饿	775	37	90	259	337	46	6
如何解决"代沟"问题	436	17	53	162	193	9	2
如何看待"安乐死"	366	42	85	107	106	20	6
如何看待"妻子回家"	6	1	2	1	2	0	0
如何面对挫折	126	9	19	64	33	1	0
谈有效阅读	47	1	5	17	22	2	0
我的童年	101	53	32	16	0	0	0
我的一个假期	168	12	53	87	15	0	1
我对离婚问题的看法	35	9	15	11	0	0	0
我对男女分班的看法	183	18	55	72	35	3	0
我看流行歌曲	359	27	44	111	107	55	15
我学汉语是为了……	58	2	11	34	10	1	0
吸烟对个人健康和公众利益的影响	651	56	86	217	274	17	1
学习汉语的苦与乐	109	20	28	27	29	4	1
一封求职信	279	42	61	94	45	25	12
一封写给父母的信	352	26	55	193	73	5	0
由"三个和尚没水喝"想到的……	518	36	69	178	161	66	8
我最喜欢读的一本书	23	0	4	12	7	0	0

作文题目	总数	90分	80分	70分	60分	50分	40分
运动员收入	17	3	2	3	6	3	0
最理想的结交方式	122	47	26	32	14	2	1
总计	5633	594	984	1928	1719	341	67

（二）统计分析：

1. 叙述文体的掌握和运用能力优于议论说明文体。

从各分段分布情况来看，以 80、90 为高分段，60、70 为中分段，40、50 为低分段，不区分文体的情况下，作文总数 5633 篇，中分段共 3645 篇，占 65％，高分段 1578 篇，占 28％，低分段 408 篇，占 7％；在区分文体的情况下，叙述文类和议论说明文类作文的分段分布情况出现了差异，叙述文类中，高分段 357 篇，占叙述文总数的 50％，中分段 319 篇，占叙述文总数的 45％；议论说明文类中，高分段 798 篇，占议论说明文总数的 22％，中分段 2435 篇，占议论说明文总数的 68％。这种差异说明，就叙述文体和议论说明文体的把握而言，留学生对叙述类文体的掌握和运用表现强于议论说明类文体。

2. 对于可选择性文体，中低分段作文更趋向于选择叙述文体。

在上述题目中的"我学汉语是为了……"、"学习汉语的苦与乐"、"由三个和尚没水喝想到的……"、"最理想的结交方式"这四个题目，我们归之为不定类，主要是指根据对题目的理解，既可能将作文写成叙述描写类，也可能写成议论说明类。在阅读语料的时候，我们有一个直观的感觉，那就是选择采用叙述文体的作文比例要超过选择议论说明文体的，为了印证，我们选择了其中以"我学汉语是为了……"为题目的所有的作文，对其文体类型作了个抽样统计。为了便于理解我们对作文的归类依据，以下面两篇作文为例（作文未修改，只是在个别使用错误的词语后用括号注出了正确的词语）：

我学汉语是为了更好的未来

作文成绩 90，作文编号 2003041315402000099

初次来到北京是因为当时印尼的情况比较混乱，所以我父母就把我送到中国来。那时，如果有人问我为什么到中国来？我总是这样回答：一来是为了找安全，二是我父母让我来的。但随着在中国的时间越长，我越来越喜欢中国了。不仅是因为中国有很多好玩的地方，而是因为作为华人怎么能不了解自己的祖国呢？我虽然是印尼国籍，但我不能不承认在我的血脉里流的是中国！就是因为这个原因，我才立志把汉语学好，我怎么能做一个不会说汉语的华人呢！现在全世界的人都在学汉语，别的国家的人能说汉语，我身为华人能败给他们吗？我不但不能败给他们，我还要把中国文化传给我的子孙。这（让）他们也能成为真正的中国人。这是我学汉语的最主要的目的。

随着中国的地位在世界上越来越强大，全世界急需有汉语能力的人才。现在，有汉语能力的人比仅仅有英语能力的人更容易找到工作。所以为增加自己在社会上的竞争力，我必须把汉语掌握好。这样我才不会败给其他人。

除了上述所说的以外，还有一个一直让我坚持学好汉语，那就是我不想让我父母失望。为了能让我学好汉语，我父母花了很多的金钱，而这个金钱不是一天两天能得到，这是父母每一天、每一年，每一滴汗血才能得到了。想到这点我还能不好好学习汉语吗？为了不让父母失望，我必须把汉语学好。

我学汉语是为了和中国做生意

作文成绩70，作文编号20030413154010000202

我刚开始的时候，对汉语根本没有兴趣。我人（认）为中国字太难了。虽然我父母是中国人，但我从来没想过学中文。

那时，我跟父母去了上海，那时我不会说汉语，所以买东西的时候也不会说，我父母当然会说汉语，所以我那时也想过，如果我会说汉语多好。那时我和父母说我想来中国学汉语，但父母不同意，是因为那时我太小了，父母不放心如果我一个人去留学。

高中毕业以后机会就来了。那时我再一次跟父母说我想去中国学中文，那时父亲很高兴是因为我们是中国人，所以只会说一点点汉语。那时，我通过旅行公司报名到语言学院。

我来中国以后，对北京的影响（印象）非常好。我来中国也差不多3年了，所以对中国了解得也差不多了。我打算学完了以后要和中国人做生意，我觉得中国的经济发展很快，所以我想可以从中国进口东西。虽然这个行业不容易，但我会努力做的。现在很多印尼人和中国人做生意。他们也说过，和中国人做生意有很多好处。他们说如果来中国时，可以吃中国菜，也可以算是旅行吧。我也那样觉得。

我真希望以后能和中国人做生意。一方面我能过好的生活，另一方面能帮助中国的经济。虽然我是印尼人，但我还是希望中国能继续发展。

上例两篇同题作文，前一篇采用了分说型的说明文结构方式，从三个角度说明了自己学习汉语的原因。语言体制上多采用逻辑关系严密的复句，文章结构上虽然没有明确的开头和结尾，但每一个分说段落都是紧紧围绕作文主题阐述说明目的及理由，我们将其归为议论说明文体；后一篇采用了分叙型的叙述文结构方式，尽管没有事件高潮，但按照时间顺序，通过个人成长过程中的几个事件的叙述，以单一线索的方式展示了文章主题，语言体制上陈述性的叙事语言风格较浓，单句、短句较多，我们将其归为记叙文体。

以"我学汉语是为了……"为题目的作文的文体分布统计情况如表2-2：

表2-2　　　　　　　　同题作文文体分布

90分段（2）		80分段（11）		70分段（34）		60分段（10）		50分段（1）	
议说	记叙	议说	记叙	议说	记叙	议说	记叙	议说	记叙
1	1	4	7	10	24	2	8		1
50%	50%	36%	64%	29%	71%	20%	80%		100%

80分段中文体的选择出现差异，70分段和60分段中这种选择性差异逐渐明显。这说明，与议论说明文体相比，记叙文体更具有选择上的倾向性，尤其是当语言水平在一定程度上制约文章的构建和表达时，语言水平

程度越弱越倾向于采用记叙的方式，因为叙事是人类语言表达最常用也最基本的方式，它更多地取决于人类思维方式中的形象思维系统，而议论和说明则更多地取决于人类思维方式中的逻辑思维能力。

3. 体制特征越强的文体类别，越便于学生把握。

书信类文章在作文的结构形式上有着较明显的特征，例如，称呼语顶格，问候语另起一行空两格，祝语顶格，右下角署名等。在语言教学中，具有形式特征的语言特质通过有意识的教学通常是学习者比较容易掌握的，这一点在书信类作文中也有比较明显的显现，在各个分段的书信作文中，书信体的正确形式从考生的作文上基本能够体现出来。在考试所涉及的两种类型的书信中，求职信不仅有着固定的结构形式特征，同时也包含着相对固定的内容——求职者基本情况介绍，所求职位，求职目的，求职者联系方式等，相比之下，家书除了形式上的固定体制以外，在内容上还是具有一定的开放性的，假设在语言表达的准确性大致相当的情况下，结构形式和内容要素越是符合某类文体的体制特征的作文，越容易获得更高的分数，因为这些在内容和形式上的特征的体现在一定程度上对于阅卷者评定作文的分数等级起着重要的作用。从表2-1对不同题目作文各个分段的作文数量的统计也可以看出，求职信的高分段比例占该类作文总数的37%，而家书的高分段比例占该类作文总数的23%。这说明尽管书信体作文在初中级作文教学中都是必然会涉及的教学内容，但学生对于具有形式和内容双重特质的求职信比形式固定而内容开放的家书更易于掌握。

第三章　留学生语篇的语体特征

第一节　语体研究的形成与发展

一　语体的概念及分类

语体是语言运用的交际功能变体。人们在运用全民语言进行交际时，由于交际目的、对象、内容、方式、场合等的不同，因而在选择表达方式和运用语言材料等方面形成一些各具特点的言语表达形式，即语言的功能变体，简称语体。这些不同的言语表达形式（语体）是人们在长期的言语交际活动中形成的，体现着人们语言运用的某种规则和习惯。语体是由于社会的发展和交际的需要形成的，并随着社会的发展而发展变化，但在一定时期内则具有相对的稳定性。语体服务于人们的言语交际活动，同时也制约着人们的言语交际活动，特别是制约着人们对语言材料的选择和使用。研究语体的划分标准、分析各种语体的特点和异同，特别是观察和描写适应不同语言环境和交际需要的各种语体在语音、语汇、语法以及话语和篇章结构等方面的特点，其根本目的在于让人们更好地把握各种语体的运用规则和运用习惯，即学会在何种情况下选择何种语体及其语言材料和表达方式来完成交际任务。

研究语体必然会涉及语体及语体分类问题。汉语学界很早就注意到语体问题，并从不同的角度对其进行界定。唐松波（1961）认为，语体是人们在社会发展过程中，在不同的活动领域内运用语言特点所形成的体系。这些特点首先表现在词汇和熟语材料的选择上，其次是语法结构，最后是语音手段的选择，无论是词汇、语法、语音，都有相当的差别，这些差别是按照一定的客观规律体现出来的。决定这些差别的因素是交际的对象、交际的目的以及具体的内容。因此，语体又叫功能（或职能）语体。张弓（1963）认为，构成语体基础的因素主要有表达的内容、交际的目的、群众（听众读者）的特点、交际的场合等。这几个因素是相互联系的。说话人、作者根据这些因素，结合实际，选择运用民族语言材料（词句），自然就产生一些特点。这些特点综合而形成的类型就是"语体"。语体不是一成不变的，是历时发展的；语体不是独立的语言，它是民族语言的支脉。王德春（1987）指出，由于人类社会生活的复杂性，在不同的社会活动领域内进行交际时，由于不同的交际环境，就形成了一系列运用语言材料的特点，这就是言语的功能变体，简称"语体"。刘大为（1994）认为语体是言语行为的类型，大致有三个层次：交际需要；由交际需要所选择的语言使用方式，也即行为方式；由特定语言使用方式所造成的、话语或文本中的语言形式上的变异特征。袁辉、李熙宗（2005）认为，语体就是运用民族共同语的功能变体，是适应不同交际领域的需要所形成的语言运用特点的体系。上述观点在认识上基本一脉相承，只是各有侧重，在表述上有简单、全面之分。

学界对语体的认识差异，主要表现在语体的分类上。归纳起来大致有二分法，即分为谈话语体（口头语体）和文章语体（书面语体），文章语体再作下位区分；三分法，即分为口语语体、书面语体和文艺语体，或分为实用体、边缘体和艺术体，又或分为科学体、艺术体和谈话体；四分法，即分为日常交谈语体、叙事语体、抒情语体和论证语体；五分法，即分为政论、科学、文艺、公文、口头语体五类；多分法，则分为政治、司法、财贸、科技、生活类型等。虽然现在以交际功能作为分类的标准，即依据超语言因素（主要是交际功能因素）以及与之相应的语言因素（即语言运用本身的特点）来划分语体已成为总的倾向，但对这一标准构成因子的作用的理解同样存在分歧，因此，即便承认以交际功能为标准，仍无法形成一个为大家认同的分类方法和分类系统（李熙宗，2002）。学者们对语体的分类又有自己的观点，唐松波（1961）把语体分为谈话语体和文章语体，认为这种区分是基于语言运用时的一系列差异，不同于口语与书面语，后者是使用语音或文字来表达思想的两种形式，所以口语与谈话语体、书面语与文章语体并非对应关系。李文明（1994）将现代汉语语体分为科学、艺术和应用三大类，每类又分为若干种分体，并指出相应的口语形式和书面形式。常敬宇（1994）把口语语体分为郑重语体、客气语体、熟稔语体和俚俗语体，并指出不同语体的功能有很大的差异。此外，汉语修辞学界从语体涉及的学科领域进行分类，如袁辉、李熙宗（2005）将语体分为谈话语体、公文语体、科技语体、新闻语体、文艺语体和综合语体，再进行下位分类。这种分类的好处是和人们对学科的认识一致，缺点是不能体现语体自身的特点，有的分类如综合语体合理性也不够。有学者提出，要从多维角度进行语体分类。陶红印（1999）介绍了功能学者关于语体分类的几个角度：传媒与表达方式；有准备和无准备；庄重的与非庄重的。陶文将语体分为典型语体和非典型语体，这是基于语法差异进行的语体类型分类，明显不同于以往的、带有明显的修辞学色彩的语体分类。冯胜利（2010）也提出"语体不同于文体"的观点，认为"正式与非正式（书面语/口语）、典雅与便俗（文雅体/白话体）是构成语体的两对基本范畴"。

　　语体分类的主要难点在于，语体间的渗透非常的普遍，有很多综合语体，按传统的语体类型不易归类，即以某一种标准给语体分类是很困难的。综合语体体现了语体的跨类组合特征，是对常规语篇语体体系的一种偏离，是语篇在"互文性"上的突出表现之一（郑庆君，2006）。也有学者把综合的、跨类的语体现象看成是语体变异现象，根据其变异的程度分为局部语体成分变异和全局语体移位（刘桂芳、谭宏姣，2005）。还有学者把综合的语体现象看成是语体的动态性，如张滟（2008）运用"拓扑"理论把语体的动态性定义为语体的本质属性，而不是"变异、偏离"现象，并把不同体裁放置在一系列围绕"拓扑参数"的"渐变连续统"上进行定性和描述。还有学者把跨类的语体现象看成是语体之间的互动或交融关系（邓骏捷，2008）。针对传统语体分类遇到的困难，郑颐寿（2004）认识到单维度的语体分类缺点明显，主张运用数学原理解决语体的分类问题，并提出"语体平面"的概念。具体做法是：先根据功能把语体分为艺术语体、融合语体、实用语体，以之为纵轴；再根据媒介把语体分为口语、书语、电语，以之为横轴，纵横结合，构成"语体平面"。该平面分为12个语体区，可以分析各种语体现象，力图让各种体裁都能在"语体平面"中找到自己的定位（朱军，2012）。蔡晖（2004）也认为，传统的语体分类方法存在"削足适履"的遗憾，主张运用认知语言学的典型范畴理论来分析功能语体分类。蔡文认为功能语体分类是对语言现象的范畴化，是以原型成员为中心的模糊集合。

二　语体学研究的内容

语体学是一门脱胎于传统修辞学和风格学而吸收了现代语言学成果的新兴学科，又被称为功能修辞学，是语言学的分支学科。语体学研究语言运用于人们的各种活动领域、交际环境、交际目的时其相对应的语言变体所应遵循的规律，研究由此而形成的不同功能语体的言语特征，以及功能语体中选择和组织语言手段的规律，形成不同的修辞效果，使得语言更好地服务于教学。

语体作为语篇的一种类型，这种类型的鉴别是依据鉴赏者的内心体验还是反映为一套规则和参数？换句话说，一个特定的语体是只可意会不可言传的，还是可以表述为一套规则或参数的？如果是前者我们只能依据个人的语感来断定某一文本的语体类型；如果是后者，我们就能通过一套规则或参数来判断某一文本的语体类型，并且能通过这一系列参数来生成我们所希望得到的某一特定的语体文本。已有的语体研究成果证明，语体研究是有其自身的规律和研究内容的，如果说语法学是寻求一个句法结构之所以成立的必要条件和充分条件，那么语体学所要研究的是任何一个语言片段与交际语境之间的互动要求，该要求是由一组语言要素构成的。金立鑫、白水振（2012）提出语体学研究的内容主要包括以下四个方面的内容：

1. 语体学要研究的是语体的构成要素。

在语言生活中，语体是由不同的语言要素构成的，语体学要研究的是，在词汇学和句法学等所研究的这些规则之外，构成不同语体的语言要素。这些语言要素的发现可以通过寻找特定语体与语言要素之间的对应关系来实现。例如，研究不同语体所蕴含的各种必须出现或最可能出现的以及最不可能出现的语言成分。这些成分主要是：各种句式或特定的句法结构，各种功能词（介词、连词、语气词、叹词、助词），各实词的语体小类（同义词或近义词）。具体方法可以先依赖母语使用者的语言直觉，选取一些较为典型的迥然不同的语体文本，然后对这些不同的语体文本进行穷尽性语言要素统计，根据统计结果去发现不同语体文本在哪些项目上具有相似性，在哪些项目上具有对立性。相似性项目可以作为所有语体文本的"共项"，不具有区别性特征，予以剔除，留下那些具有对立意义的项目。在这些具有对立意义的项目的基础上提出不同语体的语言要素成分假设，然后对这些假设进行更大规模的统计证明，或对其进行修正和调试。最后得到某一语体语言要素大致的"清单"。根据以往的研究，语言学家们已经发现，某些语言要素只存在于某些语体文本中，而不存在于另一些语体文本中。这些研究已经引起学界关注。[①] 这些研究都就某些语体与某些语法现象之间的关系作出了极为有意义的探索，值得进一步扩展和发掘。寻求不同语体在语言单位和结构的选择方面所具有的明显的倾向性，是语体研究构成条件的重要课题之一。

2. 语体学还要研究某一特定语体内语言要素之间的比配规则。

某一特定语体与语言要素之间也存在特定的比配关系。如果同样的语言要素之间的搭配比例不同，其所形成的语体很可能完全不同。在寻求特定语体对哪些语言要素有所选择的同时，还需要调查的是，这些所选择的语言要素在不同语体文本中的比配，即某些语言要素与不同语体语篇与总字数的比率。如果没有语言要素的比率，语体之间的差别很难区分出来。

目前，国内学界对某些语言成分在各种语体中的分布或比配现象的研究还仅仅是一些零星的工作，如金立鑫、白水振（2003）统计了人民日报1998年1月1日至1月31日186万字的语料中"着"、"了"、"过"的频

---

① 这些研究具体有：方梅（2007），冯胜利（2006），陶红印（2007），陶红印、刘娅琼（2010），张伯江（2007），张先亮、郑娟曼（2006），曾毅平、李小凤（2006）。文章题目可从书后的参考文献中查获。

率，并与小说《围城》中使用"着"、"了"、"过"的频率进行了对比。而国外学者的研究则相对广泛，如对教科书与学术论文在使用元语言标记方面的差别的对比，对英语口语样本和学术论文样本中名词、代词和形容词的数量的统计对比，对英文小说和报纸每百万句中简单过去体、现在完成体和过去完成体三个时体标记的使用数量的统计对比，以及动词、名词、形容词、第一人称代词、第二人称代词和第三人称代词分别在谈话、电子邮件、短消息、课堂教师语言和教材中的使用频次的统计对比，等等。①运用统计方法对同一语体或不同语体中文本进行统计，从统计结果的趋向性可以发现某些语体所配备的语言要素以及这些语言要素在特定语体中的比例。这种要素与比例关系应该是语体的必要条件之一，弄清楚这些语言要素及其比配是发现语体构成研究的核心工作之一。

3. 确定某一特定语体的强制性格式。

任何语体都有一定程度上的强制格式，典型的如公文、说明书、新闻报道、学术论文、诗歌等。中国古典文学作品中的格律诗词是极端的格式表达。强制格式是任何事物表现出的最典型特征，如同鸟类的羽毛和翅膀，鱼的鳃和鳍，正常情况下某类事物都有其较为显著的外部特征。文章同样如此。文章最为显著的外部特征便是其"格式"，典型的如借条、收据、通知，如果这些词出现在一个语篇的顶部并独占一行，那么该语篇的语体通常都能得到绝对倾向性的确定。但也有些语体并没有这类独特的区别性特征用语，单从标题上很难判断其语体类属，还有些文章甚至没有标题，例如书信，留言条，等等。但这些文本同样也有一些权重度极高的专属标记和格式，例如书信和留言条中的称谓语独占一行，最后有落款和日期。还有些文本中有"特此批复""此呈……"以及独占一行并加句号的"同意"等，这些都是权重度极高的专属标记。这些成分的权重度如何确定，它与其他语言要素之间的关系如何，还需要进一步讨论。尽管具备某些高权重度成分的文本并非一定是典型的或好的某一语体文本，但可以说，强制性格式在所有语体要素中是最为显露也最

---

① 转引自金立鑫、白水振《语体学在语言学中的地位及其研究方法》，《当代修辞学》2012年第6期。

容易归纳或抽象的。

4. 寻求某一特定语体的韵律规则。

一般所见的口语体与书面语体的差别很大程度上与韵律有关。较常见的是播音员通常在播音前要对播音稿进行修改甚至改写，以适合播音的需要（广播体）。语篇在节奏上是严谨还是活泼，是明亮轻快还是灰暗低沉，这种差别除了词汇因素外，很大程度上与韵律的组配有关，尤其是节奏组配。例如三音节的 XX—X 还是 X—XX，四音节的 XX—XX 还是 X—XX—X；声调的组配上，是高音区多还是低音区多？降调多还是升调多？句式上，是长结构多还是短结构多？等等。这些韵律特征在具体语体中都以一定的比例来表现。极端典型的是中文中的格律诗。一种典型的格律诗必须满足两项基本要求：一是强制性格式，主要是每首诗（或词）的句数，每个句子的字数长短；二是每个句子的韵律，主要是每个字的平仄要求、节奏要求和句尾字的押韵要求。如果违背了特定词牌韵律的要求，这样的文本便不是特定的诗（如七律、七绝）或词（如念奴娇、水调歌头等）。韵律通常与比语体更下位的语篇类型——"风格"有关。例如，一篇同样的语体文本如散文，因为韵律的不同，可能表现为不同的风格。比如韵律调型主要在低音部展开的与主要在高音部展开的会表现出不同的情绪，前者低沉甚至阴暗，后者高亢或明快。除了调型的选择，还有节奏上的选择。一个文本以长句为主还是以短句为主，长短句结合的频率或长短句之间的间隔规则，都可能影响一篇文本的语体风格。

从上面的讨论可以看出，语体本身是一套规则系统，它存在于较为发达或较为成熟的自然语言系统中。语体学家的主要工作在于发现这些规则（不同语体的不同规则）。这属于基础研究。语体规则的应用领域至少要涉及三大领域：

一是社会应用领域，为社会各行业在撰写该行业文本时提供指导意见；

二是教育领域，为本族人和外族人提供各语体的写作规则，为翻译实践提供指导；

三是计算机自然语言处理领域，为计算机自动识别语体类型和生成特定语体文本提供规则。

总之，语体研究是语言学研究的核心领域，到目前为止它具有其他所有分支学科所没有的更令人激动和神往的更为广袤的发展空间，有太多的分支领域还没有人涉足，有太多的工作还没有展开，需要更多的学者去开发、去挖掘、去考察、去统计，从而去发现其内在规则。从普通语言学角度来看，不同语言的语体及其构成要素以及要素的比配并不完全相同，语言之间的语体比较也很值得研究。语体共性甚至语体类型或许也是一个研究方向。放弃传统的内省的研究方法，走向科学的定量研究，走向实验室方法——语体学研究就有可能走向一个前所未有的、充满科学之美的广阔天地（金立鑫、白水振，2012）。

三 以语法解释为目的的语体研究

（一）语体语法研究的主旨

语法与语体问题广受关注，出发点和目的却不尽相同——有以语法理论意义上的语法解释为目的的，有以教学语法简明性为目的的，有以寻找汉语书面表达形式与口语界限为目的的，也有以进一步完善修辞表达理论为目的的。语体问题近年来重新成为热点，很重要的一个原因是语法学者的介入。语法学者对语体的关注，与修辞学和篇章学的关注兴趣不完全相同，语法学者更多的是从语法特征角度去谈论语体，也反过来用语体作为语法解释的手段。据此，张伯江（2007）曾经提出"在合适的语体里寻找合适的实例；在合适的语体里合理地解释实例。"这是着眼于语用的功能主义语法研究的必然结果。

传统的汉语语体研究基本是在修辞学、文章学的范畴内进行的。近年来，随着功能主义语法研究在国内的盛行，学者们在语法研究中更加重视语体因素的影响，提出"以语体为中心的语法研究具有重大理论意义，应该是今后语言学研究的一个基本出发点"（陶红印，1999）、"不同的语体有不同的语法"（张伯江，2005）等有重要影响的观点，给汉语语法学研究带来了新气象，也促使人们重新思考语体与语法之间的关系。

在不同的语体中，语法现象的分布存在着差异，语法规律的适用性也有差别。语法具有明显的语体特征，即"语体特征语法"，简称"语体语法"。语体语法研究的特点是综合考虑语法、语体及其互动因素，从语体的视角透视语法现象和语法规律，分清语法事实的语体层次及语体成因，以达到更充分地描写、更准确地解释语法的目的。

　　传统的语体研究有很强的实用性目的，往往是根据语体指导写作，着眼的是语言上较为宏观的方面，因此，对常用语体作出大大小小的分类，就是一个重要的任务。不同的语体类别代表着不同的言语风格，服务于不同的应用场合。修辞学者和篇章学者都着力于语体的系统分类。比如修辞学曾提出的口语与书面语的二分法，口语、书面语和文艺语体的三分法，交谈、叙事、抒情、论证的四分法，等等。篇章学者的研究相对来说比较看重篇章的宏观特征，如小说的情节结构、论证体的论证结构、对话体的话轮结构、描写体的空间关系结构等。做这些分类的时候，并非不顾语法特征，但是相对来说，对语法的关注较为浮泛，也较为零散，以列举式的讨论居多，很少见到用语法特征作为必要条件来区分语体的。以语法解释为目的的语体研究则是关注某种语法特征何以在某种语体里高频出现，或者说何以带有明显的语体选择倾向。修辞学关心的核心问题是风格，所以，修辞学著作中最多见的语法关注是关于修饰语的讨论，比如哪种语体里偏正结构用得多、用得复杂，或者复句结构用得多少以及复杂程度；语法学关心的核心问题是论元结构，重在观察论元结构的异同，以及结构内部论元角色的细微差异，这些东西事实上对语体的决定性是深刻的，却不是容易从风格角度观察到的，也不是与风格角度的语体分类严格吻合的（张伯江，2012）。以语法解释为目的的语体研究，与其说关心语体种类的"风格"、"交际类型"、"使用环境"等方面，不如说更看重造成语体种类差异的"语体变量"。"语体研究的前提是对语体变量的分析和描述，关键在于它会对语言的使用提出怎样的要求。"（刘大为，2012）宏观的语体种类可能是多种语体变量组合的结果，而从语法解释的角度看，任何一个细微的语体变量的不同，都会导致语法特征的差异，而这种微观的语体差别，有时反倒是在语法解释中具有重要意义的。语体成为语法解释的重要角度，是语言研究发展的必然结果，是我们从关注孤立的结构延伸到关注语言的社会交际环境的产物。吕叔湘先生（1977）很早就指出过这一点，他说:"在普通话内部作比较研究,还涉及一个方面:某些句式,某些虚词,用在某种环境很合适,用在另一种环境就不合适。这类问题过去叫做文体问题,有人嫌'文体'二字不好,近于'风格',主张用'语体'……近年来英文的语言学著作里讨论这个问题,常用 register 这个词,我想可以译作'语域'。语域的研究属于社会语言学范围,也可以说是语法和修辞的边缘学科,是以往探索得很不够的一个领域。"吕先生说得很明确,语法研究中的语体关注,不是风格的关注,是从社会运用角度对语法的观察,同时,这也是语法学与修辞学结合发展的一个方向。

(二)语体语法的发展

事实上,汉语学界在语法研究中已经注意到语体因素的作用,但一般把语体因素看成是语境或语用的一种形式,没有充分认识到语体在语法研究中的重要性,而语体语法研究则充分重视语体在语法研究中的作用。

汉语语体语法的研究是以赵元任的《汉语口语语法》(吕叔湘译,1979)为起点的,这是第一部专门从语体角度研究汉语语法的著作。在随后二十多年的时间里,学者们对汉语语体语法进行了有益的探索,朱军(2012)根据语体语法研究的阶段性特点,将语体语法研究分为三个时段。具体如下:

1987—1999 年为理论探索期。这个时期的语体语法研究强调语法研究中分清材料语体层次的重要性以及语体多视角分类的语法意义。

2000—2006 年为现象描写期。这个时期研究成果丰富,普遍侧重对具体语言现象的描写,可归纳为以下五个方面:一是分析语法现象在不同语体中的分布和适应情况的研究;二是各种语体中语法现象的描写或比较研究;三是语义、功能相关词语或语言现象在不同语体中的分布差异研究;四是篇章视角的语体语法研究,主要集中在汉语语篇中关系从句的研究、主位(主题)的研究、话语标记的研究;五是韵律角度的语体语法研究。

2007 年至今为理论建构期。基于大量的基础性描写研究,语体语法研究重心转至理论探讨。比如,张伯江(2007)论证了语体意识在语法研究中的重要性,并在几项典型研究的基础上提出,任何一种语体因素的介入都可能会带来语言特征的相应变化，认为要在合适的语体里寻找合适的实例，在合适的语体里合适地解释实例。方梅（2007）则更进一步讨论了语体动因是如何塑造句法形式的。对比叙事语篇与非叙事语篇中很多语法现象的对立，认为很多特殊的语法现象最初也都产生于特定的语体，所以语法是在运用中逐渐成形、不断变化的，功能需求塑造了语法。曾毅平（2008）把不同语体中语言现象的差异分析为语言材料的语体分化现象，运用系统功能语法理论解释了语法手段的语体分化现象，主张用描写与解释相结合的方法研究语言材料的语体分化现象。冯胜利（2010）则指出，从语言学角度看，语体能够给当代句法学的理论提供一些崭新的研究线索；如果语体语法是存在的，如果语体不同则语法也应之而异，那么现实中就没有不带语体的语法，就没有不关语体的合法性。

四 面向对外汉语教学的语体研究的意义

（一）语体意识与培养言语能力的关系

在语言教学中，正确地理解与处理语言与言语的关系是很重要的，这既是一个理论问题，也是一个完成语言教学目标的具体指导原则。语言作为抽象的、静态的、共时的符号系统存在于语言社群之中，这一系统由两个层次四个平面所构成，即语法/词汇（第一层次）和语音/语义（第二层次）；而言语则是人们对语言的运用，它永远是具体的、动态的、历时的信息结构。语言寓于言语之中，当一种语言不再为特定语言社群所运用时，就意味着这种语言的消亡；而言语作品，离开了语言所提供的材料也根本谈不上任何言语作品。由此可见两者是相互依存，互以对方为自己存在、发展变化的条件。所以说，一切语言教学的终极目标应该不仅仅是培养学生的语言能力，更重要的是培养其言语能力。

关于语言能力，不同的理论模式有不同的回答，美国语言学家乔姆斯基的理论明确地将语言活动划分为语言能力和语言运用。他所说的语言能力即人脑中的语言知识，包括识别、理解和组织合乎语法的句子的能力，以及掌握构成某一语言所有话语基础的代码的能力；而语言运用则是人们根据有限的公理化的规则系统和原则系统创建无限句子的过程。可见，语言能力与语言运用具有相关性。要实现对语言的运用，就必须有语言能力，而语言只有在言语中才得以存在和发展，这二者在任何一个获得母语的个体身上都是统一的。

语言能力具有双面性特征：一面是天赋的语言习得机制；另一面是后天从环境中所习得的具体语言体系。母语的习得是如此，外语习得亦是如此。二者的差别在于习得的顺序，母语是从未知到已知，外语则是从已知到未知再到已知。我们说的语言能力是指第二语言教学中学生所获得的运用特定语言的知识及实际操作技能。这些知识与技能分别表现于对语言结构体系各个平面的掌握上，其掌握的程度高低透过理解与表达体现出来。我们判定个体的语言能力高低，通常是通过其言语能力的演示过程获得特定的水平等级的。但是这二者毕竟不同，语言能力所管约的是言语交际中对所出现的语言要素在理解与表达上的语速与准确度；而言语能力则集中体现为对语境的辨认、语体特征的把握、语境对语体的选择以及重视语体转换代码的能力，这些概括为语体意识。如果说语言运用得正确与否与语言能力的培养与训练有关，那么言语能力，即语体意识的培育则是关系到言语交际的得体与否。正确与否是语言教学的基本要求，而语体意识的获得，则是语言教育中的最高要求。可见言语能力的核心是语体意识。

语体是人们在长期的语言运用过程中，对语言运用与语境之间的选择关系类型化的结果。现实生活中交际语境的类型化为语言运用的类型化提供了客观的基础，这种类型化经历了一个由不确定态到范模化的历时沉淀过程，是具体的、个人的话语反复适用所形成的为特定的语言社群单位全体成员共识的约定俗成的语用范式。语体既然是个定型化的语用体系，就不是个别的语言手段或技能的简单综合，而是一个相对稳定的自足系统，因此不同语体其本身必然具有相对封闭的特征。在言语能力的培育中，获得语体意识，掌握不同语体的封闭性特征就不能不是对外汉语教学的最终目标。（罗丽，2001）既然对外汉语教学的极终目标是培养学生使用汉语进行交际的能力，而要完成这一目标使学生获得语体意识，也就是使学习者能够根据交际目的、对象、场合诸语境要素的要求进行表达与理解又是关键的环节，那么，在对外汉语教学的总体设计中就必须确立语体的应有地位，并在理论上将其作为一种形而上的原则渗透于各种形式的对外汉语教学中。

（二）语体意识与对外汉语教学体系的关系

语言教学是从初级到高级依次递进的，而语体意识的培育却不是按由初级到高级的层级递进。这是由语体的本质特征决定的，因为语体的决定性范畴是功能，而功能本身既无高低之分，又无雅俗之别。所以说语体意识习得等级与语言教学的等级是两个不同的序列，语体意识的培育有其自身的独立等级体系。语体意识的获得绝对是后天经过环境培育发展起来的，从某种意义上讲，语体意识的敏感度与文化教育程度、个人经历成正比关系。但是，一个人一生中经历的语境终究有限，加上教育程度的不同，在用母语交际时有时也会出现语体转换障碍，更何况是外语学习，既没有母语习得过程中的自然环境，又缺乏母体文化的熏陶，必须通过有意识的、人为的强化方可获得。这也就意味着语体意识的培育在语言教学过程中绝非仅仅是高级阶段的事情，而是渗透于从零开始的教学的每一个环节。

应该看到，自 20 世纪 50 年代以来，对现代汉语语体的研究已经有了相当丰硕的成果，从广泛使用的现代汉语教科书，到修辞学论著，特别是 20 世纪 80 年代中期以来出版和发表的一系列语体研究的论著，都可以印证这一点。但是，由于研究的角度、研究的目的以及理论背景等不尽相同，因而迄今为止对诸如语体的含义、语体的属性、语体的分类、不同语体的话语和篇章结构特点等基本问题的研究还没有取得普遍性的共识。同时，已有的研究成果绝大多数都是基于语言学、修辞学或语体学的角度和需要，而不是基于对外国人实施汉语教学的角度和需要。因此，要把对汉语语体的研究纳入对外汉语教学研究的重要领域，并从对外汉语教学理论和实践两个方面来加以研究，不仅有助于拓宽对外汉语教学的研究领域，同时也将更加直接和有效地促进对外汉语教学质量和效率的提高。

有鉴于此，应该像重视语法及语法教学研究那样，重视语体研究及其在对外汉语教学中的应用研究。实际上，语体在语法研究中的重要地位和作用早已引起学者们的注意，朱德熙（1987）和胡明扬（1993）就曾结合实例强调应该对口语语法和书面语语法分别进行细致的研究，强调语法研究要区别语体。陶红印（1999）更是明确表示"语法研究必须以具体的语体为中心"、"以语体为核心的语法描写应该是我们今后语言研究的最基本的出发点"。语体对于语法研究尚且如此重要，那么对于以培养学习者"运用具体语体去做事"的对外汉语教学来说，语体研究的重要性应是不言而喻的。

面向对外汉语教学的汉语语体研究，主要应该包括：什么是语体，语体的构成要素有哪些，语体的分类角度及其具体分类，语体与传媒工具和表达方式的关系，口语语体和书面语体如何区分以及如何进行再分类，各类语体的语言特征（如句式特征、话语结构和篇章结构特征等）和语用特征（如语汇和虚词的使用特征、话题转移方式、情感表现方式、语音和韵律特征等），各类语体的语境特征（包括交际场合、交际内容、交际双方的关系等）及对语境的依赖程度，各类语体的正式程度，不同语体的区别性特征，典型语体之间转换的基本特点，等等。

对语体本身的研究越深入越全面，就越有利于对外汉语教学的吸收和利用。因此，语体本身的研究是基础和前提性的工作。但是，另一方面，我们也要从第二语言教学的角度来研究语体及其与对外汉语教学理论和实践的关系。例如，语体研究和语体教学在第二语言教学中的地位和作用，语体跟第二语言教学目标的关系，语体跟语言能力的关系，语体特征在汉字教学、词汇教学、语法教学、语篇教学、文化教学中的体现，语体在通用汉语教学中的地位、作用和体现，语体在专门用途汉语教学中的地位、作用和体现，等等。不仅如此，我们还可以进一步从应用方面来研究语体问题。比如，从第二语言教学的角度看，可以把语体分为语体知识和语体能力，前者主要指各类语体的语言特征和语用特征，后者主要指根据不同的交际需要和语境特征，恰当地选择语体及其相应语体知识的能力。如果这种划分基本可行，那么就可以进一步研究教学中如何进行语体知识的教学，如何将语体知识转化为学生的语体能力，等等。又比如，教学中如何培养和增强学生在语言学习和语言运用过程中的语体意识，如何训练学生将典型的口语语体和典型的书面语体进行相互转换的能力。再比如，如同教学语法需要研究一样，教学语体也需要进行研究，即研究对什么样的教学对象教授什么样的语体。为此，要结合学习目标来分析学习者的语体需求，要结合媒体及表达方式来分析现代社会的语体特征，同时还要结合教学类型（学历和非学历、长期进修和短期强化）及其教学目标来确定教学语体的内容。在综合以上三个方面的基础上，最终确定不同教学对象的语体教学的定性、定位和定量问题。再比如，需不需要研制语体等级大纲，如何研制和区分不同教学阶段的语体等级大纲，等等，诸如此类的问题都是值得认真研究和探讨的。（丁金国，1997）值得研究的当然还包括语体在课程设置、课堂教学、教材编写、语言测试等方面的地位和体现。

正是由于语体问题涉及和体现第二语言教学的方方面面，如上所述包括语言能力的培养，词汇、语法、话语和篇章教学，课程设置和教材编写，以及教学目标、教学类型，等等。因此，在现有语体研究成果的基础上，特别是在基于第二语言教学的语体研究的基础上，应该可以建立起适合对外汉语教学需要的语体理论。当然，如果能够建立起来的话，这种语体理论在对外汉语教学学科理论体系中具有什么样的地位，如何指导教学实践等还需要深入研究和探讨。但总的来说，语体问题的研究将不仅是对外汉语教学研究"新的增长点"，而且也必将大大促进学科理论的建设和教学效率的提高（李泉，2004）。

第二节　HSK 作文的语体特征

汉语学习者的汉语书面语作文作为学习者母语和目的语之间的一种中介，原语言和目的语交互影响而带来的交杂现象是不可避免的。尽管学习者主观上努力接近目的语，但其书面语篇还是存在与目的语语篇的某些细微甚至明显的差异。这些差异形成了汉语学习者书面语写作的语体特质，我们将其概括为语体口语化倾向、语言语法隐化倾向以及信息量弱化倾向。

一 语体口语化倾向

语体是人们在长期的语言运用过程中，对语言运用与语境之间的选择关系类型化的结果。这种类型化经历了一个由不确定态到范模化的历时沉淀过程，是具体的、个人的话语反复适用所形成的为特定的语言社群单位全体成员共识的约定俗成的语用范式。语体既然是定型化的语用体系，就不是个别的语言手段或技能的简单综合，而是一个相对稳定的自足系统。因此，不同语体其本身必然具有相对封闭的特征，这些特征便是一种语体区别于其他语体的典型性标志。

口语体和书面语体作为区分语体类别的第一个层次的典型分类，在词汇和句式的选择上、不同句法成分出现的句法位置上，以及句子的信息含量上都存在明显的差异性。汉语学习者的书面语篇在上述几个对立性差异明显的因素上都体现出了较强的由书面语体向口语体的偏离。

语篇的语体特征是相对的，语体某种特征的显著程度只有通过与其他语体的比较才能更准确地揭示出来。只有通过汉语作为第二语言学习者的语篇与本族语书写者的语篇的对比，才能把握二语学习者书面语的语体特征以及在使用与特定交际功能相关的语言特征时二语者与母语使用者之间的差别。

例如，在语气词的使用上，汉语学习者的书面语料中存在明显的过度使用语气词的倾向。已有的汉语本体语体研究指出，语气词多用于口语体（唐松波、林文金，1984）。而汉语学习者书面语中语气词的使用数量远高于母语使用者书面语中的使用数量，基本接近母语使用者口语使用数量。在分文体书面语中，记叙描写文的语气词使用频次与议论说明文的使用频次没有明显差别，甚至议论说明文的使用频次略高于记叙描写文。[①]

在第一、第二人称代词的使用上，口语体与书面语体也存在着明显的

---

① 有关汉语学习者语气词、第一、第二人称代词以及介词的具体统计数据请参见第四章 HSK 作文"口语化"倾向的语体表征第一节。

差异。之所以第一、第二人称使用频率的高低可以成为口语化倾向的参数之一，是因为第一、第二人称使用频率高低体现了作者/读者显现度的高低，而作者/读者显现度的高低又是语篇交际互动性强弱的表现之一，也就是说，作者/读者显现度高的语篇交际互动性强，因而也就更具有口语体特征。在汉语学习者书面语议论文中，第一、第二人称代词使用频率远高于母语使用者的议论文书面语篇，尤其是第一人称单数的"我"的使用频率。由于过分强调了作者本身，文章显得口语化。此外，在第一人称单复数的使用频率上，二语学习者"我"的使用远高于"我们"，而母语使用者在"我"与"我们"使用频率上的差异率大致相当。这是因为受中国传统思维方式的影响，汉语表达者更善于使用第一人称代词复数形式表达群体的观点或弱化主体并将主体观点隐藏在群体之后，借助群体表达自我的观点。而二语学习者更倾向于使用单数形式来表达自己的观点，体现了学习者对语言背后的汉语文化及汉民族思维方式尚不甚了解。在第二人称单复数的使用频率上，二语使用者书面语第二人称单复数"你、你们"的使用频率均高于母语使用者口语中的使用频率。多用第二人称代词反映出语篇的互动性，从写作策略的角度说，书写者倾向于使用第二人称代词，说明他们有意或无意采取了一种和潜在读者进行心理交谈的写作策略，但是在正式文体中，作者和读者之间的互动应该避免，第二人称使用过多反而会使文章显得不正式（口语化）。

在具有语体差异的介词的选用上，学习者对典型的书面语体介词选用率最低，更倾向于选择中性语体介词，这也是带来二语学习者书面语作文常常给人以从书面语向口语偏离的阅读感受的原因之一。

以上二语学习者书面语作文中的种种表现都说明了汉语学习者对汉语语篇的语体差异知之甚少，因而体现在书面语写作中语体意识薄弱，语体的特征性不够鲜明。

二　语言语法隐化倾向

语言语法隐化倾向是指汉语学习者在书面语写作中，在一些具有典型汉语语法特征的虚词或句式的使用上所采取的一种有意识或者无意识的回避的倾向。在这种倾向性的驱使下，汉语学习者的书面语语料中会出现某些语法功能词（虚词）或句式的使用频次少于母语书写者的书面语语料的使用频次的现象。例如，我们选取了汉语助词中典型的结构助词"的、地、得"和动态助词"着、了、过"以及"把字句"、"被字句"为参照项，将 HSK 动态作文语料库与汉语书写者语料中所出现的使用频次进行了对比。汉语书写者语料的数据我们采用了胡显耀（2010）的研究中提供的数据，这些数据为汉语非文学作品（表中简称"汉语非"）中上述虚词和句式每千字出现的频率，对比情况如下：

表 3-1   语言特征频率表 1（千分比）

	的	地	得	着	了	过	把字句	被字句
HSK	42.12	1.55	1.06	0.80	6.57	0.96	0.88	0.51
汉非文	67.87	3.32	1.61	0.81	13.13	1.11	1.64	1.34

从表 3-1 中可以看出，汉语学习者书面语篇中语法功能词中的六个典型助词以及把字句、被字句的使用频率全部低于母语使用者非文学类书面语中的使用频率。二语学习者语料中那些具有重要的语法功能的虚词以及汉语典型句式使用的减少说明，汉语中原本具有明确语法标记的典型特征被减弱，我们称之为语言语法隐化。这种典型的语法特征隐化的原因一方面与学习者的汉语语法运用能力有关，另一方面也与学习者第二语言写作的认知机制有关。就把字句和被字句而言，我们观察了这两类特殊句式在留学生作文中的基本使用情况，这两类句式的使用错误率分别为 36.93%（把字句总数 3784 个）和 18.75%（被字句总数 2228 个），错误类型一种是使用了把字句或者被字句，但使用中出现错误，如：

（1）我看到您公司招聘启事以后把这封信写。

（2）任何人都不能把自己的人生做练习。

（3）每天妻子被病痛苦，那么索性帮助妻子自杀。

（4）经常被他的父母挨骂，甚至挨打。

另外一种错误情况则是由于遗漏（无意识）或者回避（有意识）把字

句或被字句而产生的错误，如：

（5）……进贵公司以后，我可以（把贵公司）介绍给很多朋友，可以叫亲人来买这里的东西。

（6）我有自信（把）导游的工作做得很好。

（7）如果妈妈给别人自己的孩子的话……（如果妈妈把自己的孩子给别人的话……）

（8）父亲对我管教得特别严，有时狠狠地骂我，打我，仿佛（把我）当作敌人。

（9）我大学毕业以后在一个服装公司工作了两年，可是去年那个公司的经理走后门（被）抓起来了……

（10）以后这件事情（被）发现了，法院认为大夫的行为是杀人罪。

由于我们无法准确判断学习者是无意识地遗漏了"把"或者"被"，还是有意识想避免使用把字句或者被字句，因此我们推断这两种情况都有可能。

汉语学习者助词使用频率低于母语使用者的事实也可以从学习者语料中的错误分布情况得到佐证，以结构助词"的、地、得"为例，这三个助词通常作为定语、状语和补语的功能标记词，这三类句子成分错误的主要类型一个是成分多余，一个是成分残缺，其错误频率分别如表 3-2：

表 3-2　　　　　　　　　　　　助词使用错误分布

	定语	状语	补语
成分多余	39.75%	66.36%	30.75%
成分残缺	34.16%	84.83%	46.66%

除了定语成分的多余与残缺比率大致相当，状语和补语的残缺比率高于多余。尽管定语、状语、补语中某些成分的残缺或多余不能绝对地代表是"的、地、得"的残缺或多余，但是某些成分的残缺或多余必然与这个成分的功能标志词的残缺或多余存在一定的关联，而残缺的比率总体大于多余，也从侧面说明了留学生语料中助词使用频率少于母语使用者从而带

来一些显性语法标志弱化或者说隐化倾向确实是二语学习者书面语语体的特征之一。

三 信息量弱化倾向

信息量弱化倾向是指学习者书面语篇中所体现的信息量与母语使用者书面语料相比呈现出相对较低的状况。在语篇研究中，交互性和信息性是一组具有对立特征的语体参照特性，交互性代表人际交流功能，信息性代表信息传达功能，口语体具有较强的情感色彩和思维的双向传递，因而具有较强的交互性，如，电话谈话；书面语体则具有句式完整、信息密度大和表达严谨的特征，如，政府文件。信息性的强弱可以从名词、介词、类符形符比、句子平均长度等多项指标中得以体现，限于 HSK 语料库的标注程度，一些指标的具体数据均难以直接提取，因此，我们根据词汇总统计表及语料库语料文本进行二次人工统计，统计出类符形符比、词汇密度、平均句长、高频词前 10 位的总频次、成语、一次性词等六项指标的数据，与汉语母语语料库中的上述指标数据进行对比，考察学习者书面语语料的信息量特征。类符形符比[①]即语料库中类符占全部形符的比例，用于反映语料库词形的丰富程度。形符数指文本一共有多少个词，类符数指文本一共有多少个不同的词形，单纯的形符数和类符数不能反映文本的本质特征，但两者的比率却在一定程度上反映了文本的某些本质特征，即用词的变化性。一般来说，类符形符比越高，用词变化性越高。词汇密度，指语料库中实词形符占总形符数的比例，平均句长即句子的平均字数，成语言简意赅包含丰富语言信息，这三个指标可用于反映语料库信息量大小和文本难度。高频词前十位频率之和，即语料库词表前十位的总频率。语料库中频率最高的词形通常都是虚词或语法功能词，这些词可以用来表明语料是否过度使用常用词，降低阅读难度；"一次性词"指语料库中只出现过一次的词形，有学者用这个指标反映语料"创造性"的特征，我们认为一次性词的数量同样可以在一定程度上显示语料库文

---

① 由于语料库所提供数据的限制，统计标准类符形符比（STTR）难度较大，故本书使用计算较简便的类符形符比（TTR）。

本的词汇量的多样性程度。统计对比如下：（表 3－3 中平均句长采用的是原始统计值，其余均为标准化千分比）

表 3－3　　　　　　　　语言特征标准化频率表 2（千分比）

	类符形符比	平均句长	词汇密度	成语	高频词 T10	一次性词
HSK	47.76	12.14	671.81	2.24	204.07	329.43
汉非文	49.79	15.12	654.68	2.92	171.78	396.43

由于 HSK 语料库只提供了词汇信息，平均句长度的数据我们采用了抽样数值的概率统计方式，具体做法是从 50 分至 90 分五个分数段的作文中，各分数段分别随机选取 50 篇记叙文，50 篇议论文共 500 篇，计算出每句中的平均词数。

以上数据除了词汇密度指标和高频词前 10 位频率之和指标以外，其余各项指标 HSK 语料库的数据均低于汉语母语语料库数据。类符形符比低、成语使用频率低以及一次性词语使用频率低说明汉语学习者书面语语料在词汇量的丰富性和多样性上均不及母语使用者的非文学语料。汉语学习者书面语料平均每句包含 12.14 个词，而母语使用者书面语平均每句包含 15.12 个词，通常来说句子长度越长表意越发周密严谨，信息量也愈加丰富，这种差异体现在语篇形式上也使留学生作文给人以句子简短、零散、以单句居多的直观感受。高频词数据二语学习者语料高于母语使用者语料，一方面表明二语学习者文本使用的词汇相对集中从而使文本词汇量的丰富程度降低，另一方面也说明文本高频词集中的同时文本的难度性就降低了，这与前面四项指标低所显示的结果是一样的，同样显示了留学生语料信息量相对较弱的倾向。词汇密度显示的是文本实词所占的比率，我们暂且估测正是由于学习者对于虚词及语法功能词的有意识或无意识的回避使用，从而使实词比率有所提高。该估测目前无法通过其他相关研究得以佐证，还有待在以后的研究中进一步探究。

语篇中的形式特征分布与功能实现具有紧密的内在关联，特定语言形式使用的多少直接影响特定功能的实现，多项语言特征的共同作用才产生特定语体的语篇。尽管我们尝试通过一些具体的语言特征来揭示汉语学习者的语篇特征，但由于汉语语料库技术和显性语言特征提取的限制，我们所验证的语言特征有限。但即使如此，汉语学习者对于特定语言表达方式的共同偏好（如语气词、第一、第二人称代词）以及某些表达方式的回避（如助词、把字句、被字句），也形成了汉语学习者书面语的语体特殊性。这可能也是汉语学习者的书面语言表达总是感觉不地道的重要原因之一。这些发现同时也说明词汇、句式不仅仅是语法视角下的研究内容，语篇研究也可以从对这些语言特征的深入分析中挖掘出二语学习者书面语篇的特性，通过对各种语言特征之间相互关系的系统考察，对汉语学习者书面语篇的特点从整体角度予以解读。

第四章　HSK 作文"口语化"倾向的语体表征

　　"口语化"倾向是指书面语作品的语体特性从书面语体向口语体偏离的一种语体现象，是第二语言学习者书面语语篇中典型的语体表现。但是，在汉语作为第二语言的语篇研究视野中，这一语体现象并未引起关注，学习者书面语的"口语化"倾向只是停留在阅读者的直觉体验层面，缺乏系统和理性认识。而在国内以英语为第二语言教学的外语界，该现象已逐步引起关注，有学者采用对比分析和统计分析相结合的方式，以语料库语料为支撑探求"口语化"的具体表征，从而使英语第二语言学习者书面语篇的"口语化"倾向从朦胧的主观感受迈向客观的理性实证研究。例如，文秋芳等（2003）以读者/作者显现度和词汇分布为参数，考察了中国大学生英语书面语中的口语化倾向；潘璠（2012）以缩写、原形动词、第一、第二人称代词、指示词、介词短语和定语形容词等出现频率的高低为特征考察了中国非英语专业本科生和研究生英语书面作文的"口语化"倾向；韩娅楠、陈建生（2013）针对第一、第二人称和小品词的使用频率对中国高级英语学习者议论文中的"非正式"语体倾向进行了考察。这些研究虽然数量有限，但对汉语作为第二语言教学视角下的语体研究提供了可供参考的研究思路。本研究选取了语气词、人称代词、介词三个参照点，通过语料库语料文本的数据对比，考察汉语作为第二语言学习者书面语作文的"口语化"语体特征。

一 研究依据

口语与书面语是语体研究的典型分类。口语随着语言的产生而产生，口语表达属于基础表达；书面语是在有了文字以后才出现，书面语表达属于派生表达。口语表达注重交际的互动性，具有强烈的情绪外显性和随意性；书面表达注重严密的逻辑性和规约性。在句子层面体现语法作用的某些语法功能词，进入到语篇层面后便不可避免地具有了某些语篇功能。之所以选取语气词、第一、第二人称代词和介词作为辨别口语与书面语的特征标志，主要是基于以下三方面的原因：首先，语气词的主要功能是辅助表述情感和情绪，因此具有较强的口语性，唐松波、林文金（1984）对语气词的语体问题有所涉及，也曾指出口语体多有语气词。其次，第一、第二人称代词的使用数量在外语界的研究中，已经成为识别口语与书面语的一个重要标识，因为在英语口语表达中，往往会通过第一人称、第二人称手段来凸显话语内容与听众、与说话人本身的某种联系。因而其使用数量的多少能够在一定程度上显示口语语篇与书面语语篇的语体差异（韩娅楠、陈建生，2013）。我们认为第一、第二人称代词的语篇功能不仅仅体现在英语中，在汉语中亦是如此。最后，选择介词的原因是，冯胜利（2003）在分析书面语特有的词汇体系时，指出了存在口语体的介词（如"在、从、到"等）和书面语体的介词（如"于"等）。随后，陆庆和（2006）等人也曾谈及部分介词的语体问题。吴春相（2013）对现代汉语介词结构的语体特征进行了考察，指出介词可以分为口语体介词、书面语体介词和中性语体介词三类。前人研究表明介词确实具有体现语体特征的功能。基于此，我们将语气词、第一、第二人称代词和介词作为考察留学生汉语作文"口语化"倾向的三个参数。

二 研究问题

本研究拟考察以下问题：

1. 在语气词和第一、第二人称代词的使用频次上，汉语学习者的书面语篇与母语使用者的书面语篇是否存在差异，存在怎样的差异。语言水平不同的汉语学习者在这两类词的使用上是否存在差异，存在怎样的差异。

2. 在具有不同语体特征的介词的使用上，汉语学习者的书面语篇中具有怎样的表现。语言水平不同的学习者在介词的选用上是否存在差异，存在怎样的差异。

第一节　语气词的考察

现代汉语普通话中最基本的语气词有六个，即"啊、吗、呢、的、了、吧"。其他一些，有的用得较少（如也罢，也好），有的是因为语气词连用而产生连读合音的结果（如啦是"了啊"的合音）。这六个语气词中，"的、了"还兼有助词词类，我们在检索国家语委现代汉语语料库时发现，"的"和"了"出现了极高频率（如"的"使用频次达到84.9981‰），这是因为语料库中没有对"的""了"的助词、语气词词类加以细分。我们揣测没有细分的原因是因为"的"和"了"处于末尾时，既有可能是语气词或助词，也有可能是二者的兼类，其准确的辨识需要参照前面的词语的词类，这给大文本语料库进行词类标注带来很大的难度，因而该语料库没有再进行更进一步的区分。基于此，我们从六个语气词中选取"啊、吗、呢、吧"四个语气词进行词频统计，（"啊"可以兼属叹词和语气词，但国家语委现代汉语语料库对两个词类进行了区分，因此有利于我们直接提取语气词"啊"的频次）。

针对四个基本语气词，对北京语言大学HSK动态作文语料库、国家语委现代汉语语料库以及北京语言大学现代汉语语料库分别进行了统计。

（一）数据统计

HSK动态作文语料库（以下简称"HSK语料库"）作文篇数共计11569篇，约430万字，每篇平均字数372字。语气词使用频次如表4-1：

表 4 - 1 　　　　　　　　　　　HSK 语料库语气词词频

	啊	吗	吧	呢
出现次数	641	2178	2717	5004
词频	149.0697	506.5116	631.8604	1163.7209

随机抽取语气词使用实例:

(1) 一个有名的运动员的收入还比总统高,我真没想到能这么高啊,我看过一个在欧洲有名的足球运动员,他能随便买一些他喜欢的东西,不管有多贵啊。(越南 作文 60 分 200404《运动员收入》)

(2) 没有他们我们吃什么呢? 该怎么活下去呢? 你也不能天天像欧洲人、美洲人似的那么吃肉吧? 我们还得吃米饭才能活下去啊! 所以希望人们都爱绿色食品。(韩国 作文 65 分 200307《绿色食品与饥饿》)

(3) 家长反对有理,只因"吾家有女初长成"啊,没有一个身为父母不担心孩子在读书期间提早恋爱了。 (马来西亚,作文 75 分 200306《我对男女分班的看法》)

(4) 如果每个人可以关心一点这个问题,效果就会很好的。(日本 作为 70 分 200304《关于用自然之声取代噪音的建议》)

(5) 而担任我的指导员的,便是加拿大籍华裔郑期峰了。(新加坡 作文 80 分 200206《记对我影响最大的一个人》)

(6) 在这样的消费者需求的背景下,农民开始使用不必要的农药了。(日本作文 90 分 200307《绿色食品与饥饿》)

其次,我们提取了国家语委现代汉语语料库(以下简称"语委现汉语料库")和北京语言大学现代汉语语料库①(以下简称"北语现汉语料库")中语气词使用的数据。

---

① 北京语言大学邢红兵教授对提取语气词数据提供了热忱的帮助,在此致以衷心的感谢。

表 4 - 2　　　　　　　　　　**三个语料库词频对比**

	啊		吗		吧		呢	
HSK 语料库词频	149.06		506.51		631.86		1163.72	
语委现汉语料库词频	88.70		325.15		343.70		519.55	
北语现汉语料库词频	口语	书面	口语	书面	口语	书面	口语	书面
	418	89	578	166.5	704	165.5	470.5	281.5

　　因为三个语料库的容量有差别（HSK 语料库 430 万字，北语现汉语料库 200 万字，语委现汉语料库 2000 万字），因此我们使用词频（每百万字使用频次）对比，从而使三者之间具有标准一致的可比性。HSK 语料库为书面语语料，语委现汉语料库为口语和书面语混合语料，北语现汉语料库细分出口语语料和书面语语料两类。

　　再次，我们对 HSK 语料库中"啊、吗、呢、吧"进行了分文体（记叙文/议论说明文）、分成绩段的统计。

表 4 - 3　　　　　　　　　　**分文体语气词统计**

	记叙文				议论说明文			
篇数	1349 篇				1426 篇			
总字数	501828				530472			
	啊	吗	呢	吧	啊	吗	呢	吧
次数	111	94	370	213	53	187	500	235
频次（‰）	1.5702				1.8379			

表 4 - 4　　　　　　　　　　**不同成绩段语气词统计**

	>70				≤70≥60				<60			
	啊	吗	呢	吧	啊	吗	呢	吧	啊	吗	呢	吧
次数	285	831	1589	946	304	1156	1956	1564	52	191	459	207
总次数	3651				5980				909			
篇数	4005				6267				1229			
频次（‰）	2.4505				2.5650				1.9882			

（二）数据分析

1. 表 4 - 1 显示，在 HSK 语料中"啊、吗、吧、呢"四个语气词中"呢"使用数量最多，每百万字出现 1163 次，其次是"吧"和"吗"，分别

为每百万字出现 631 次和 506 次，最后是"啊"，每百万字 149 次。对照表
4-2，我们发现，就这四个语气词使用的相对频次来说，HSK 语料库的统
计数据与语委现汉语料库与北语现汉语料库中书面语统计数据体现了基本
一致的频次顺序，即呢＞吧或吗＞啊①。这说明从语法规约的角度来说，
二语学习者书面语中使用语气词的正确性（即选用哪一个语气词）与母语
使用者是基本一致的。但是对比三个语料库语气词使用的绝对频次，就可
发现二语学习者书面语中使用语气词的绝对数量远远高于母语使用者。二
语学习者书面语中语气词使用数量与语委现汉语料库相比，各个词的词频
都高出近乎两倍；与北语现汉语料库相比，HSK 语料书面语中语气词的使
用数量远高于母语使用者书面语中的使用数量，基本接近母语使用者口语使
用数量。这表明，二语学习者书面语篇中确实存在过度使用语气词的情况。

2. 表 4-3 的 HSK 作文分文体书面语中语气词使用的统计显示，记叙
文中四个语气词使用频次顺序略有不同，"啊"的数量略高于"吗"。我们
认为这与记叙文的文体特性有关，在记人、记事的过程中情之所至抒发情
感从而使"啊"的使用数量有所增加也在情理之中。对比记叙文与议论说
明文中语气词使用的总体频次，两者差别不大，但是议论说明文中语气词
的使用频次高于记叙文。通常来说，议论文、说明文由于文体特征的制约
在语体上表现得更为理性、客观，语气词的使用数量较之记叙文更为有
限。HSK 语料统计表明，二语学习者对不同文体的特征把握不足且语体知
识较弱尚没有明确的语体意识。

3. 表 4-4 不同成绩段作文的语气词统计显示，不同分数段作文语气
词使用频次没有明显差异，这说明就 HSK 语料库的统计数据而言，二语
学习者语言程度的高低对书面语中语气词使用没有产生明显影响。这一结
果与文秋芳（2003）针对中国学生的英语书面语研究结果"书面语语体参
数的使用与学习者语言水平密切相关，二语学习者随着语言水平的提高，
书面语中的口语化倾向有弱化的趋势"没有体现出一致性。我们认为，本

---

① HSK 语料库数据与语委现汉语料库频次顺序完全一致，与北语现汉语料库略有差别。北
语现汉语料库书面语中"吗"的词频为 166，"吧"的词频为 165。考虑到每百万字中相差 1 次的
差别，故我们称之为三个语料库频次顺序基本一致。

研究与文秋芳的研究虽然针对相似的对象——二语学习者，但语气词在汉语与英语中具有不同的语法地位，汉语语法教学中对"语气词十分丰富是汉语语法特点之一"反复强调，而汉语语篇教学中对语气词区分语体的功能尚没有明确认识，这种教学现状导致不同水平的二语学习者在书面语写作中均存在过度使用语气词的状况。这种不一致性恰恰说明语体意识的形成不能仅仅依靠学习者语言水平提升的同时自我获得，而应该在教学中通过有意识的教学帮助学习者确立。

第二节　第一、第二人称代词的考察

汉语作为第二语言视角下的语篇研究对人称代词的考察有所涉及，主要是通过人称代词和指称词语的使用考察语篇的衔接与连贯程度。外语界对第一、第二人称的考察则重在以海外学者已有研究中提出的"语言交际中第一、第二人称的使用频率高低体现了作者/读者显现度高低"这一研究结论为支撑，考察中国的英语学习者书面语篇的口语化倾向。之所以第一、第二人称使用频率的高低可以成为口语化倾向的参数之一，是因为第一、第二人称使用频率高低体现了作者/读者显现度的高低，而作者/读者显现度的高低又是语篇交际互动性强弱的表现之一，也就是说，作者/读者显现度高的语篇交际互动性强，因而也就更具有口语体特征。在口语表达中，表达者往往会通过第一人称、第二人称的手段来突显话语内容与听众、与说话人本身的某种联系；书面语中则含有大量的指代性词语以及名词化词语，这是一种正式语体倾向。鉴于此，我们对 HSK 语料库的作文中第一、第二人称使用的情况加以考察，我们的考察主要是针对以下两个问题：（1）汉语第二语言学习者作文中的第一、第二人称使用数量与母语使用者是否存在差异；（2）随着汉语水平的提高，二语学习者第一、第二人称的使用数量是否有所变化。

（一）数据统计

我们首先对 HSK 语料库中所有的第一、第二人称代词进行了检索，并与国家语委现代汉语语料库进行对比。如 4 - 5 表：

表 4-5   第一、第二人称数量统计

		我	我们	你	你们
HSK 语料库 430 万字	出现次数	102712	18644	10485	4933
	频率（‰）	23.8865	4.3358	2.4383	1.1472
语委现汉语料库 2000 万字	出现次数	52724	26821	28769	5072
	频率（‰）	5.517	2.8067	3.0105	0.5308

其次，对 HSK 语料库的议论说明文语篇中的我、我们/你、你们进行了统计。HSK 语料库中议论说明文总计 7136 篇，2654592 字；因为国家语委现代汉语语料库网络版无法进行分文体检索，我们选择了北京大学现代汉语语料库（以下简称 CCL 语料库），对该语料库的议论文、文学、口语三种文体中的我/我们、你/你们进行了分类检索，与 HSK 的对比如表 4-6：

表 4-6   第一、第二人称分文体统计

		我	我们	你	你们
HSK 语料库 2654592 字	出现次数	30752	12429	2478	399
	频率（‰）	11.584	4.682	0.933	0.1503
CCL 议论文 127650059 字	出现次数	14750	10650	2066	474
	频率（‰）	0.1152	0.08343	0.0161	0.0037
CCL 文学 63055842 字	出现次数	356652	78187	376543	54457
	频率（‰）	5.656	1.239	5.971	0.8636
CCL 口语 259506 字	出现次数	694	258	369	87
	频率（‰）	2.674	0.9942	1.4219	0.3352

再次，我们对 HSK 语料库中第一、第二人称代词的使用数量进行了不同分数段的统计：

表 4-7   第一、第二人称不同分数段数量统计

	>70				≤70≥60				<60			
	我	我们	你	你们	我	我们	你	你们	我	我们	你	你们
次数	38248	6499	3589	1544	53869	10500	6100	3112	10595	1645	796	277
词频/万字	256	43	24	10	231	45	26	13	231	35	17	0.6
篇数	4005				6267				1229			

（二）数据分析

1. 表 4-5 是 HSK 语料库与语委现汉语料库第一、第二人称代词使用数量的对比统计。数据显示，二语学习者书面语料中，第一人称代词每千字出现率高于母语使用者，尤其是单数第一人称"我"的使用频率是母语使用者的四倍多，"我们"的使用频率近乎母语使用者两倍；第二人称复数"你们"，二语学习者的使用频率是母语使用者的两倍，第二人称单数"你"则略低于母语使用者（每千字出现次数略少 0.6 个点）。表 4-5 的数据表明，二语学习者书面语料中第一、第二人称代词的使用数量比母语使用者书面语和口语的混合语料中的使用数量还要多。

2. 表 4-6 的分文体人称代词数据显示，（1）二语学习者书面语议论文中第一、第二人称代词使用频率远高于母语使用者的议论文书面语篇，尤其是第一人称单数"我"的使用频率。正是由于在书面语篇中过分强调了作者本身，给阅读者带来书面语体向口语体偏离的语体感受。（2）母语使用者的三类文体对比中，议论文中第一、第二人称代词的使用频率最低，其次是口语，文学文体中人称代词的使用最高。我们对口语语料文本进一步观察，发现语料库中的口语语料是被采访者的自述口语，既没有与采访者的交互性沟通，同时处于与采访者面对面的叙述状态，在语境清晰的情况下，代词省略现象较为明显，因此体现出来的第一、第二单复数人称代词的使用数量和该语料库口语语料采集的方法有一定的关系。（3）第一人称单复数的使用频率上，二语学习者议论文中"我"的使用远高于"我们"；而母语使用者议论文中"我"与"我们"使用频率大致相当。我们推测是由于受中国传统中庸文化的影响，汉语表达者更善于使用第一人称代词复数形式，表达群体的观点或弱化主体并将主体观点隐藏在群体之后，借助群体表达自我的观点。而二语学习者尚未把握母语使用者的这种表述策略，更倾向于使用单数形式来明确表达自己的观点。（4）第二人称单复数的使用频率上，二语学习者和母语使用者"你"的频率均高于"你们"，体现出了相同的使用倾向。二语使用者第二人称单复数的使用频率高于母语使用者口语语料，低于母语使用者文学语料，母语使用者议论文体中第二人称代词使用频率最低。马广惠（2002）指出，多用第二人称代词反映出语篇的互动性。从写作策略的角度说，书写者倾向于使用第二人称代词，说明他们有意或无意采取了一种和潜在读者进行心理交谈的写作策略。这样的写作策略在母语书写者的文学语篇中表现明显，议论文语篇中体现较弱，因为在正式文体中，作者和读者之间的互动应该避免，第二人称使用过多会使文章显得不正式（韩娅楠、陈建生，2013）。而对于二语学习者来说，更多的可能是利用这种潜在和读者进行心理交谈的写作策略来弥补其语言能力的不足，使其在构思和写作过程中能保持不间断的思路和写作的连贯。

3. 表4-7是HSK语料中人称代词在不同分数段的分布统计，从第一、第二人称代词在各个分数段的分布情况来看，使用频次大致相当，人称代词的使用数量没有随着语言水平的提高而减少。也就是说二语学习者语言水平的提升并没有使书面语中过度使用人称代词的情况产生明显改变。尽管在对不同分段的作文进行阅读时，我们能够感受到高分段的作文在语体适切性的把握上要好于低分段，但这种主观感受没有得到大数量文本的数据支持。也就是说语体意识的增强可能体现在个体表现上，但就学习者整体的表现来说，语体意识并没有随着语言水平的提高而体现正向发展的趋势。

4. 除了统计第一、第二人称代词，我们还对HSK语料库中与人称代词共同出现的高频词丛作了统计。依据频率高低依次为"我认为、我觉得、我想、我看"，与CCL语料库三类文体比较如表4-8：

表4-8 词丛统计

		我认为	我觉得	我想	我看
HSK语料库 2654592字	出现次数	3157	2330	1390	410
	频次（万字）	11.89	8.77	5.23	1.54
CCL议论文 127650059字	出现次数	198	28	92	171
	频次（万字）	0.015	0.0021	0.0072	0.013
CCL文学 63055842字	出现次数	2145	4270	13635	10044
	频次（万字）	0.340	0.677	2.162	1.592
CCL口语 259506字	出现次数	1	7	7	13
	频次（万字）	0.038	0.269	0.269	0.501

HSK语料库议论文中的四个高频词丛，"我想"和"我看"在CCL

语料库的文学语料中也分别属于高频词，且"我看"每万字的出现频次大致相当。而学习者语料中频次最高的两个词<u>丛</u>"我认为"和"我觉得"在 CCL 三类文体语料中都不是高频词。母语使用者的各个词<u>丛</u>较为分散，而二语学习者的词丛相对集中，这说明母语使用者词汇覆盖面较广，比二语学习者拥有更大的词汇量和更强的词汇运用能力。二语学习者表达个人主观认识的愿望强烈但受语言程度的限制，因而集中使用少数单一的词汇形式。

为了便于对二语学习者语气词和第一、第二人称的使用有一个更为直观、清晰的感受，我们随机从 90 分段的议论文中选取一篇，抄录如下，下划线的是人称代词和语气词。

吸烟对个人健康和公众利益的影响

现在这个社会，各政府出台各种政策来减少吸烟者。政府提高了烟税，还规定在公共场所吸烟者将被罚款。说明烟对于个人或者公众有一定影响<u>的</u>。

某市政府为了保持市容整洁，并帮助青少年养成好习惯而规定在公共场所吸烟者将被罚款。这说明吸烟给吸烟者自己和身边的人带来不好的影响<u>的</u>。<u>我</u>在电视中看到过很多关于吸烟者的事情，有些人因为吸烟过多而切掉了自己的嗓子或者患上了肺癌，当然严重者也有不少死亡的。可见吸烟对吸烟者本人是没有任何好处的。吸烟只对本人有害吗？不是<u>的</u>。<u>我</u>还在电视上听到过这种事情，说是有些得肺癌的人是因为吸到旁边人吸的烟而得到的。在公共场所吸烟会给公众带来不好的影响<u>的</u>。

<u>我</u>觉得烟是一个不但对自己有害处，而且还会让一些从来没有吸过烟的人患上各种肺病的东西。所以<u>我</u>希望人们不要抽烟更不要在公众场所吸烟。

韩国 作文分数 90 分，200405109523201475

第三节　介词考察

以往对介词的研究大多限于语法层面对介词的语法意义和语法功能的探讨。在语法层面，语体属于色彩意义范畴，色彩意义和理性意义共同构成词汇意义，而实词才有词汇意义，虚词只有语法意义。关于虚词的语体问题，虽然有的文献已经涉及，可是怎样给虚词以准确的语体定位，还未看到相关的材料。并且，以往关于词语的语体分析，多是举例说明性的，而所列举的词，也主要为实词，虚词中除了语气词外，其他类别涉及很少。（唐松波、林文金，1984）

关于介词的语体问题，冯胜利（2003）在分析书面语特有的词汇体系时，曾指出存在口语体的介词（如"在、从、到"等）和书面语体的介词（如"于"等）。而在对外汉语教学领域，陆庆和（2006）等人也曾谈及部分介词的语体问题。吴春相（2013）则对汉语中介词结构的语体特征进行了较为详细的考察。吴文立足于文体类别的三分法，结合介词与实词的搭配，认为介词可以分为口语体、书面语体和中性语体三种类别，并具体分析了介词结构充当状语、补语和定语三种句法功能时的语体表现。

前人研究给本文的研究以很大的启发，介词的语体特征在二语学习者的书面语料中是如何体现的？二语学习者书面语中的"口语化"倾向与学习者对不同语体的介词的选用是否相关？我们尝试对这两个问题作出考察。

（一）介词的语体分类

吴文研究中列举了部分分属于三种不同语体的介词，如：

书面语体：自、以、于、令、因、与、依、自从、按照、关于、对于、由于、依照……

口语体：　把、被、叫、让、对、打、到、往、当、跟、给、随着、为着、为了、除了……

中性语体：和、从、为、在、比、按、照、朝、向、凭、除、经过、因为……

王德春（1997）指出，词汇按修辞分化标准可以三分为：中性词语、书卷词语和谈话词语（书卷语体和谈话语体分别相当于本书所说的书面语体和口语体），中性词语即在各语体中通用的。理想层面的典型书面词语和口语成分应该是分别只用于书面语体、口语体，而典型的中性语成分是适合书面语、口语两种语体的，并且应该是在各语体中的使用频率均衡。但由于语言的复杂性，各个词语的语体分布情况可能是：（a）基本只用于书面语体或口语体；（b）多用于口语体或书面语体；（c）用于书面语体、口语体的总体数量基本均衡。这样看来，中性语体也可以视为书面语体、口语体的中间阶段。因此，我们通常说的哪个词语或结构形式属于书面语体，一般讲的是它主要或常用于书面语体，而不是说它绝对不能用于口语体；而通常所说的属于口语体的词语，情况正好相反。如"自山东来"、"打山东来"、"从山东来"，保持较浓文言色彩的"自"多用于书面语，"打"多用于口语，而"从"则属于中性语体。此外，介词的语体判断还要结合与实词的搭配。介词结构的搭配模式通常为：介词＋实词语。所搭配的实词语的语体存在三种类别：书面语体、中性语体、口语体。如果某介词主要跟属于典型书面语体的实词语搭配，则该介词就属于书面语体范畴；同样，如果某介词主要跟属于典型口语体的实词语搭配，则该介词就属于口语体范畴；如果某介词跟书面语体、中性语体、口语体三种类型的实词语都可以搭配，且分布情况相对均衡，则该介词属于中性语体。如介词"在"是中性的，由"在"构成的介词结构的语体就要结合与之搭配的实词的语体，"在这个世纪"与"在本世纪"，前者倾向口语体，后者倾向书面语体。

（二）统计与分析

我们选取了几组对立性较强的同义介词考察它们在二语学习者语料中使用的总次数以及在不同分段中的频次。选取的介词如下：

（书面语体）①因、由于　②令　③以　④与　⑤自　⑥对于

（口语体）　　　　　　　②让　③用　④跟　　　⑥ 对

（中性语体）①因为　　　　　　　　④和　⑤从

统计如表 4 - 9：

表 4 - 9 　　　　　　　　　　HSK 语料库介词统计

	出现总次数	每万字出现次数	＞70	≤70≥60	＜60
令	278	0.65	1.3	0.3	0.2
让	4951	11.51	13.9	10.5	9.6
以	1430	3.32	5.3	2.4	1.7
用	2932	6.81	6.3	7.3	6.2
与	4003	9.30	14.2	7.2	4.3
跟	5169	12.02	10.0	13.3	12.5
和	13543	31.49	33.6	31.3	27.0
因	1428	3.32	4.2	3.0	2.2
由于	1165	2.70	3.9	2.1	2.1
因为	8486	19.73	19.8	19.4	22.1
自	192	0.44	0.7	0.3	0.3
从	4466	10.38	12.4	9.3	10.1
对于	765	1.77	2.7	1.2	1.8
对	16894	39.28	41.6	38.6	36.9

　　说明：以"令"为例，语料库中一共出现 278 次；每万字出现 0.65 次；在＞70 分数段作文中，每万字出现 1.3 次；在≤70≥60 分数段作文中，每万字出现 0.3 次；在＜60 分数段作文中，每万字出现 0.2 次。

以上数据体现出了较为明显的两大特征：

（1）书面语体介词的每万字出现次数均比与其同义的口语或中性语体介词出现次数低。

（2）书面语体介词在各分段均表现出从低分段到高分段使用数量逐渐增多的趋势。

文言色彩较浓的"自"和"令"每万字出现次数最低，分别为 0.44 次和 0.65 次，其次为"对于"、"因"、"由于"、"以"和"与"。每个书面语介词和与其对应的口语体或中性语体介词都体现出了明显的差异：书面语体的"令"每万字出现 0.65 次，而口语体的"让"则是每万字出现 11.51 次；书面语体的"与"每万字出现 9.3 次，口语体的"跟"则是每万字 12.02 次，中性语体的"和"则是每万字 31.49 次；书面语体的"因"和"由于"出现次数分别为每万字 3.32 次和 2.07 次，而与之对应的中性语体的"因为"则达到每万字 19.73 次。书面语体的"自"出现次数只有每万字 0.44 次，而中性语体的"从"则有每万字 10.38 次。书面语体的"对于"每万字出现 1.77 次，而中性语体的"对"则高达每万字 39.28 次。

以上数据说明二语学习者在具有语体差异的介词的选用上，典型的书面语体介词选用率最低，但使用者最具有倾向性的选择却也不是口语体，而是中性语体。正因如此，二语学习者的书面语作文带给阅读者的直观感受也不是完全的口语表达，而是介于两者之间的一种"通用体"状态（即本书所说的"口语化"倾向）。这种"通用体"表现与对外汉语教学的教材编写与选用存在一定的关系。由于初级阶段学习者语言能力的限制，加上人们观念上的某种固定的认识，因而实际上现有的多数通用教材，从语汇和语法方面来看，语体的区分并不十分明显，其语汇为普通话的基本语汇，语法为普通话的基本语法。这就是不少学者强调的中性语体。例如：盛炎（1994）表示"我觉得外国人学习中文，语体学习不妨从中性（neu-tral）语体开始。所谓中性语体，就是介乎正式和非正式之间的语体"，"随着中文程度的提高，语体的学习也随之加强"。刘珣（2000）指出："在语体上，初级阶段既不宜过于口语化（不利于掌握基本结构），也不宜过于书面化（难于掌握，也缺少现实的交际价值），要注意学习口语和书面语都能用到的'中性'语体。从中级阶段后期开始，加强两种语体的区分和转换。高级阶段要特别加强书面语的教学。"这些意见是实际教学经验的高度概括和总结，并有相当的理据，因而具有广泛的代表性。但在教学实践中，教材的中性语体比重太大、使用的阶段性太长（跨初、中、高三个阶段），而中级及以后的所谓书面语很大程度上又仅局限于文学作品。这种状况是很值得思考的。由于目前口语类和书面语类教材绝大多数都可以归入所谓中性语体和文学语体，因此在实际教学中我们教授给学生的主要就是这两种语体。其中，初中级编、改写的教材，都趋向于选用常用的、基本的、共核性的语汇和语法，使用比较严密和规范的、介于正式和非正式之间、既不过于口语化也不过于书面化的表达方式来编改课文；所选择和改编的文学作品类课文也尽量向上面所描写的口语和书面语都能用的中性语体靠拢。正是由于现有教材大多是中性语体，因而许多口语教材和书面语教材在语言材料和表达方式上并没有太大的差别。（李泉，2004）

应该承认，中性语体是有用的，因为它是获得语言功能方面有用的知识所不可缺少的基础，是教授语言基本规则和基本语汇的范本，是学习和掌握其他语体的依凭和中介。但是，中性语言仅仅是任何教学目的所必须掌握的最低量，是任何一个大纲的基础，它不是万能的。抽象的中性语体本身缺乏"个性"，因为它忽略了口语和书面语各自特有的语法、语汇和语用特征，与具体语境下应使用的各种语体都有差距，因此它不能代替其他语体的教学。对外汉语教学中需要教授中性语体，因为在特定的教学阶段它是有用的，但是要有限制地教授中性语体，因为如果只教这种口语和书面语共有的代码，那么学习者在任何实际交际场合就都不会恰当地使用这种语言。

在各分数段的介词使用情况的考察中，我们发现，考察涉及的所有的书面语体介词都呈现出随着作文水平的提高使用数量逐步上升的趋势。尽管在各个分数段中，中性语体介词占绝对多数的状况依然存在，但书面语体介词使用都和作文水平的提升呈现正相关，例如在"与"、"跟"、"和"这一组介词中，作文等级升高，书面语体的"与"的使用数量上升，口语体的"跟"使用数量下降。在前文的考察中，语气词和人称代词这两类词语的过度使用现象没有呈现出随着语言水平提高逐渐改善的情况，我们认为即使学习者语言语法水平不断提高，若是完全依靠学习者的自我感知，其语体能力也不会必然随之提高。虽然在介词的考察中出现了书面语体介词的使用数量与作文水平之间的同步相关性，但这种表现与我们前文的观点并不矛盾。我们知道，在对外汉语语法教学中，代词、语气词的教学并不是重点，在初级阶段语法中就会出现，并且往往在教学中一带而过。但是在初级、中级直到高级阶段，不断有新的介词结构出现，对介词结构的语法功能的讲解和带有介词结构的句子的造句练习一直是教学环节中的重点，因此在对意义相近的介词结构的对比辨析和讲解时，不可避免地就会涉及部分介词使用在不同的语体环境，尽管这样的语体差异的提示也许不是在语篇视角下的有意识的语体教学，但其效果在学习者的作文中还是有了一定的体现。这也提示我们，语篇视角下的语体教学应该作为对外汉语教学体系下的独立内容，这个任务不能完全依靠语法教学来承担。

第五章 语篇结构的特征及体系

第一节 语篇结构的本质特征

一 词句结构不能等同于语篇结构

语篇结构是指语篇形式的构成方式。语篇结构虽然离不开语言的词句，但是它不同于语言词句的结构，二者具有不同的本质和各自独特的体系。无论是现代语言学研究还是我们个体习得语言的经验都可以让我们感受到，凡是智力正常的人，在幼儿时期就能够学会说话，但是若要学会写文章却要经过多年的苦读多练。而且，即使是读了十多年的书也未必能够写出好文章。这个事实充分说明，语言的词句迥然不同于文章的篇章，即词句的结构不同于篇章的结构。虽然写文章离不开句子，但是文章中的每个句子并非孤立的句子，而是某种思维体系、某种文章类型、某种章节、某个层次、某个序列的一个结构因素。两个或更多的因素结合在一起，就必须具备一定的结构关系，并非任意堆砌句子就能构成文章的段落、章节。顺序颠倒、句子散乱就无法构成篇章，这是人们的常识。比如一段很好的文章，只要把其中的某些句子调换先后顺序，它可能就不再是好文章，甚至根本不成文章。试想：句子是完整的，也是合乎语言的结构规律的，为什么句序变了，关系变了，它就不成文章了？答案只能是词法、句法之外还有章法或者篇法。所谓词、句、章、篇，我国早在东汉时期就有明确的划分。王充在《论衡·正说篇》中提出："文字有意以立句，句有数以连章，章有体以成篇，篇则章句之大者也。"后世文论家所说的安章谋篇就是强调要重视篇章结构，刘彦和在《文心雕龙·章句篇》中说："振本而末从，知一而万毕矣。"这里的"本"是指篇章，"末"是指词句。意思是写文章时要先抓篇章结构，因为先抓篇章才能协调一切细节。可惜的是，尽管古人很早就对句法与章法之间的差异有了认识，但对文章结构本质的研究却没有形成独立的学科体系。

二 篇章结构的本质特征是思维形式的反映

前面我们通过一个"序"的差异说明了句子的结构不同于篇章的结构，但是，文章的结构并不仅仅是一个顺序问题。例如汉语语法不仅包括词序、语序，还包括结构成分和结构关系。文章结构除了"序"的问题，还包括文章结构的类型、模式及其结构成分、内部关系和相互转化等。正如语言是思维的表现形式一样，篇章结构的本质也是思维形式的反映。

吴应天（1989）在《文章结构学》一书中指出，人类思维可以分为逻辑（抽象）思维和形象思维。文章结构与思维形式相对应，无论古文还是现代文，无论汉语还是外文，在文章结构方面具有相同的规律性。例如古代文章学中的"起承转合"与五十年代苏联文学理论中提出的情节结构的规律——"开端、发展、高潮、结局"其实是异曲同工的认识，这说明文章结构的规律性是客观存在的，这些规律不知不觉中反映到人们的头脑中，从而使文章结构具有超越语言与超越时空的特性。文章结构规律作为文章本质的关系，恰好跟人的思维形式相对应，而思维形式又是客观事物本质关系的反映。语言中不同层次的成分分别与初级思维和高级思维存在对应关系。例如，逻辑学所研究的概念、判断、推理，对辩证逻辑来说就是初级思维，正好跟语言中的词语、句子、复句相对应；篇章结构则与高级思维形式相对应，即议论文和说明文属于逻辑思维的范畴，描写文和叙述文属于形象思维的范畴。为什么一切文章都有形象思维和逻辑思维之分？这是由于文章中的许多实词都具有两重性，它既可以表示形象，又可以表示概念。巴普洛夫的高级神经活动学说已经证明，许多实词都具有沟通第一信号系统和第二信号系统的功能，因此逻辑思维和形象思维既存在对立性又存在转换性，两者有区别也有联系。这种辩证关系从论说文内部和叙事文内部可以更为清晰地体现出来，因为论说文可以分为说明文和议论文，叙事文也可以分为叙述文和描写文。也就是说，论说文中包含总分和因果两种逻辑体系，叙事文中也包含聚散和正反两种形象体系。

文章结构、体裁和语言都是文章形式，其中的文章体裁问题历来跟文章结构纠缠不清。文章结构是文章的内部形式，而文章体裁是文章的外部形式。外部形式不难认识，而内部形式却不那么容易看清。例如，诗歌、散文、小说；书信、请柬、合同是人们一望而知的，而其结构却未必都能说得清；再如，水的液态、固态、气态是外部形式，人们很早就能够认识它，而水的内部形式 H_2O，人们认识它却是在近代化学结构学兴起之后。文章体裁作为文章的外部形式，文章结构作为文章的内部形式，这是客观事物存在形式多层次的反映。

目前的逻辑学仅仅研究普通的、初级的思维形式，所以在逻辑学著作中根本无法寻找文章结构的类型、模式、相互关系、相互转化等。文章结构的规律和特点既不同于古代"八股"所讲究的形式表征，也不同于"文无定法"所讲究的为文技法，而是以思维形式为科学依据，把文章结构和思维形式联系起来，分清语言词句与初级思维的关系，分清文章的篇章与高级思维的关系，同时疏通初级思维与高级思维的相互关系，疏通语言与语篇的相互关系，这样才能真正发现人们梦寐以求的文章结构规律。

第二节　汉语语篇的结构体系

一　起承转合结构观

起承转合是中国传统诗学中关于文本叙述结构的一个基本理论，从元代以来一直在蒙学诗法中主宰着人们对作品结构的理解。范德机说，作诗成法有起承转合四字：以绝句言之，首句为起，次句为承，三句为转，结句为合；以律诗言之，首联为起，额联为承，颈联为转，尾联为合。（蒋寅，1998）迄今为止，我们知道最早完整地提及起承转合之说的是托名元人杨载（仲弘）的《诗法家数》和傅若金（与砺）述范梈之言的《诗法正论》。但在此之前，起承转合结构说就有一个源远流长的发展过程。追溯起承转合之说的渊源，清人往往归结于唐人试帖诗。金圣叹云："唐人既欲以诗取士，因而又出新意，创为一体，二起二承二转二合，勒定八句，名曰律诗。如或有人更欲自见其淹赡者，则又许于二起二承之后，未曾转笔之前，排之使开，平添四句，得十二句，名曰排律。"起承转合之说的"起"是与破题联系在一起的。钱大昕《十驾斋养新录》卷十云："唐人应制诗赋，首二句谓之破题。"除去试律、律赋，唐诗虽也有破题之说，但无疑是从试律作法中移植而来，因为古代一般诗歌即使有题目，其约束力也是很有限的，更不用说大量无题诗或本来无题后人拈首句为题的诗作了。既然并非应题而作，破题之说也就不会在中国古代一般诗歌写作中产生。试律则不同，限题而作，入手切合题旨，击中要害，为首要功夫。手眼高低，事关乎全局。为便于举子揣摩，于是针对各类题面的破题之说应运而生。（黄强，2006）尽管唐代试律、律赋的破题所承担的"起"的功能在起承转合之法中仅占其一，但结合清人以此说对二者进行结构分析大致可通的情况看，唐代试律和律赋的做法显然是起承转合之说的发端。

起承转合又是八股文章法结构的基本特征。据刘熙载《艺概·经义概》解释："起承转合四字，起者起下也，连合亦起在内；合者合上也，连起亦合在内；中间用承用转，皆兼顾起合也。"很显然，它是关于章法结构的理论，它说明的是八股文各部分内容之间的钩锁开合关系。据史书记载及前人考证，八股文源于宋人所作经义，具体说就是王安石于熙宁四年（1071）倡行的以经义试士。就体式而言，王安石创立的经义与"论"相仿，不过以经言命题而已。元人厌其冗长，遂变更其体为不拘格律、不拘篇幅的经疑、经义形式。元代经义不只合并了若干细节，更主要的是省略了讲题（大讲、余意、原经）的部分，使文章结构变成破题——接题——原题——结题。后来明代八股的结构正是在这一框架内形成的。由此可以得出一个基本结论：起承转合之说，即使不是从经义作法中直接移植过来，也是在其理论框架中产生的。正因为它与经义有着天然的血缘关系，所以到后世，当经义发展为八股文的时候，它就自然地被吸纳到八股文的理论系统中。随着八股文法被引入试帖，其章法结构的基本要求——

起承转合就作为一个固定的法则统摄着人们对作品结构的认识。

杨载、范德机最初用起承转合四字说明诗的篇章结构，不过是受经义章法的启发，从人们熟知的经义作法中提取出一种关于结构的原则。可是在实际的创作中，当起承转合、由浅入深等法则被固定化，形成一种机械的结构论时，就不可避免地导致预成模式的弊端。按预成方式组合内容要素，最终使诗的表述结构流于单调雷同。

蒋寅（1998）指出，英国艺术评论家里德（Herbert Read）曾说过："每件艺术品都遵循一定的形式法则或整体结构法则。但我不想过多强调这一因素，因为愈研究那些具有直接性和本能性魅力的艺术品结构，愈难以将其分解为简明易懂的结构程式。"可以说，在无限丰富的文学现象面前，任何建立普适性规范的尝试都会被证明是徒劳的，又何独起承转合为然呢？由于起承转合之说在试帖诗作法中的八股化和在诗歌实际批评中的失败，它的价值愈益受到怀疑，它与诗学的关系也因而遭到质疑。同样，八股作为一种文体，相对其他文体来说，肌理是比较复杂的。但同时，在纷繁的细节背后，又有着结构的僵化和单调。随着经义发展为明代八股文，格式限制越来越严，体裁也越来越僵化。到清初，人们已普遍认为八股是"误国之物，无用之具"，至此，人们开始重新反思它作为一种结构理论的意义和价值。

这还只是问题的一个方面，是基于承认起承转合在诗中的现实存在这一前提来谈论的。其实作为结构的起承转合本只是理论上的叙述过程，它完全建立在对完整构思及理性操作（意在笔先）的先验设定之上。而我们知道，诗人的书写不仅经常没有这样一个完整的构思过程，而且也经常没有这样一个完整的叙述框架。我们不能不承认诗的突发性、偶然性因素，不能不承认诗中意象跳跃、意识破碎的合理性。事实上，很多作品包括一些名作，都不是由一个完整的构思形成的。王夫之在破除起承转合的机械性的同时，就从诗的本质出发，针锋相对地提出了一种有机的结构观。他认为，诗须"以情事为起合，诗有真脉理、真局法，则此是也"。（《姜斋诗话笺注》第80页）所谓真脉理、真局法，也就是"成章而达"，是以内容表达为核心形成的有机结构，"生气灵动"、"传合无垠"是对其基本特征的形象描述。这种"文成法立"的思想，是他破除起承转合之论的立足点，也是中国古典文论、诗论关于结构的根本观念。根据这种看法，作品的结构作为一个有机整体，是以意群为单位营构起来的，意脉的流动变化由意群来承担，意群的秩序不是来自外来的规定，而是服从于作品表达的内在要求。故而王夫之说："所谓章法者，一章有一章之法也。千章一法，则不必名章法矣。"(《姜斋诗话笺注》第 80 页)所谓"成章而达"，所谓"浑成"，无非是说每篇作品结构都是生成的，而不是预成的。为了表达的需要，可以不先破题而凌空插入，也可以不缴结题面，而留下一个开放的结尾。这种有机结构理论构成了王夫之美学有机整体观的重要内容，它从根本上否定了起承转合的理论基础，使之在诗学中难以立足，最终被超越和扬弃。

应该说，消解、超越起承转合之说的动力，除了源于创作本身的复杂情形直接与起承转合的单一模式相抵触外，根本上来自"至法无法"的传统艺术观念的拒斥。因为起承转合的机械结构论不仅在一般意义上与诗的独创性要求相对立，也与传统技巧观念的基本原则——至法无法相对立，从而与古典诗歌的艺术理想相悖离。不难想见，在一个追求圆融浑成的表达方式、以"知其妙而不知其所以妙"为表达效果之极致，讲究"活法"的诗歌艺术系统中，当然是不能容纳起承转合这样一种机械结构论的，起承转合终于在诗论中结束了它的使命（蒋寅，1998）。

通常来说，一种理论的产生总与某种文学或者社会背景有关，尽管起承转合的结构观在当代文学和文章学领域已经淡出或者消亡，但也依然不能全盘否定起承转合作为众多文本生成方式中的一种，所体现的语篇构建价值。只是当某一种方式和手段被作为一种必须遵守的创作原则进而禁锢语言作品的灵活性与多样性时，其弊端和狭隘性便随之而产生。对于文学作品来说，起承转合的桎梏性体现在其对灵活性和创新性的遏制，但是其规则清晰的条条框框却又恰恰给初学者或者入门者带来便于把握的便利性，这一特性引起我们的思考：在当今汉语作为第二语言教学的语篇教学领域，能否在将起承转合对于初学者便于把握的便利性合理地运用于语篇教学而又避免形成新的八股语篇上找到一个新的突破口呢？

二　思维形式视角下的语篇结构观

起承转合是在对已有文学作品结构特征进行概括的基础上提取出来的一种结构理论，准确地说，它其实是对诗歌或者语篇各个组成部分的功能的概括，而不是对诗歌或者语篇结构类型的概括。那么，不同文体的语篇如何探究其结构特征？不同语篇在结构上的差异性是必然的，那么是否具有某些共性呢？到底有哪些基础的结构类型呢？这些问题在目前的语篇研究中尚未能找到为大家所认可的答案，语篇结构的系统性研究是一个有待开发并且潜力无限的广阔领域，已有学者在为解决这些疑惑而努力地探求着。吴应天（1989）从文章学角度针对传统文章学的四种基础类型——叙述文、描写文、议论文、说明文的文章结构进行了探索，吴文的研究以人类思维形式中抽象思维与形象思维的特性为基础，认为思维形式决定了语篇结构的特征，并进而构建了一个相对系统的语篇结构体系。正如语法学是由词法、句法组成的一个系统一样，语篇的结构也不是单一的而是由一些具体的结构组成具有系统性的体系。汉语语篇结构体系可以分为议论说明体系、叙述描写体系以及复合体系这三大结构体系。

（一）议论说明体系

从思维形式上看，议论文和说明文的结构，在本质上都是属于逻辑思维这个庞大的体系，所以议论说明体系其实也就是逻辑思维体系。议论说明体系包含议论文结构体系和说明文结构体系。

1. 议论文的结构类型及模式

议论文在我国古代称为议或论。《周易》《尚书》时代都称议，《论语》以后才称论。此后议和论并称。到了宋朝，真德秀在他的《文章正宗》中，开始把文章分为辞令、议论、记事、诗歌四类，才有议论这个词。（吴应天，1989）由此可见，议论文有着悠久的历史，人们认同这种文章的社会效用在于明辨是非曲直。不管是古代关于议论文结构的"破题、分股、结题"还是现代的"引论、本论、结论"，其实都没有揭示出议论文结构的完整、体系的严密。也曾有观点认为，说明文是主要研究自然科学事物的文章，议论文是主要研究社会科学事物的文章。这种按照内容划分文章结构类型的观点，既模糊了说明文和议论文的界限，同时也背离了思维形式决定文章结构的本质特性。

事实上，人类的长期实践已经证明了，议论文的结构决定于归纳、演绎的逻辑思维，因为任何论证的力量都来自反复申说的归纳或演绎。"引论、本论、结论"在一定程度上揭示了议论的特性，但不成体系。按照逻辑论证的整体体系来看，议论文的结构存在四个类型：即归纳型、演绎型、演归型、分论型。议论文属于因果体系，因为归纳演绎都讲因果关系。

（1）归纳型议论文结构模式

就思维形式来看，议论文中的归纳型是归纳法则居于主要地位的结构类型。正和归纳推理一样，归纳型的论证过程，归根到底仍然离不开"从材料到观点"的逻辑法则。也就是说，这种结构类型的论证过程仍然采用归纳推理的形式，不同之处仅仅在于它是反复论证的过程，每个前提都具有相对的独立性，都具有单独充当论据的作用。归纳型的议论文不管如何复杂，都可以分为论据和论点两大部分。所谓论据是分论中的材料，即论证的根据或理由。所谓论点是结论中的中心意思和观点。也就是说，归纳型的结构总是先摆出材料、讲出理由，而后作出结论、明确论点。因此，它的论证过程总是先分论后结论，从而形成如下模式：

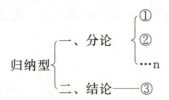

这种结构类型之所以需要先分论后结论，是由于其中的"由分到总"是辩证逻辑的基本形式之一。其中的"n"是指任意自然数，它表明分论必须符合反复论证的要求，即反复论证最少是两部分，否则就不是论证，而只是推理。之所以需要反复论证，就是由于必须用足够的论据，严密地证明论题或论点的正确性。

（2）演绎型议论文结构模式

演绎型是演绎法则居于主要地位的结构类型。作为一种论证形式，主要是遵循从"观点到材料"的逻辑法则，而且和归纳法处于矛盾统一的地位。归纳型的基本间架是先分论后结论，演绎型的基本间架是先总论后分论。归纳型的中心论点在分论之后，演绎型的中心论点在分论之前。其模式如下：

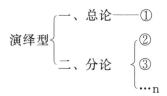

演绎型模式之所以先总论后分论，是由于客观上需要先亮出观点，然后围绕中心进行反复论证。从布局上看，这个总论也起了"立片言而居要，乃一篇之警策"的作用，既合乎逻辑也合乎社会心理，同时，演绎型议论文没有相应的结尾而有相应的开头，而归纳型议论文没有相应的开头而有相应的结尾。

（3）演归型议论文结构模式

演归型是演绎型和归纳型相互结合的一种结构类型，演绎和归纳正如分析和综合一样必然是相互联系着的，是两种逻辑证明相辅相成的具体表现。演归型的间架结构不仅有总论和分论还有分论和结论。也就是说，演绎型和归纳型的基本构成只有两个部分，而演归型有三大部分，即"总论—分论—结论"。就总论和分论看是演绎型，就分论和结论看是归纳型，两种论证形式在一篇文章中兼而有之。其模式如下：

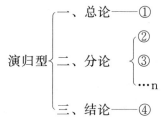

这个模式兼有演绎型和归纳型的特点，因此成为议论文中比较理想的类型。也就是说，由于有总论，所以可以开门见山地把观点摆出来，使人一下子抓住中心重点；由于有结论，所以能突出肯定什么、否定什么，从而加强论断的明确性、逻辑性和严密性。

(4) 分论型议论文结构模式

分论型是把题目分为两个以上的论题，以便分别进行论证的一种结构类型。虽然每个论题之间的关系总是并列的或承接的，但是对每个论题的论证类型却是复杂的。这就是说，每个分论部分都可能属于不同的结构类型，或者是归纳型、演绎型，或者是演归型、分论型，因此，分论型的议论文除了特别短小的以外，一般都有明显的序次和小标题。其结构模式如下：

$$\text{分论型} \begin{cases} \text{一、分论（X 型）——①} \\ \text{二、分论（X 型）——②} \\ \text{三、……（X 型）—— n} \end{cases}$$

从这个模式中可以看出，分论型的议论文是由两个以上的分论构成的，只有这样才符合反复论证的精神，至于分论的多少，决定于客观实际需要。X 型是指每个分论既可以是相同的类型也可以是不同的结构类型。分论型的议论文没有相应的开头和结尾，这一点恰恰和演归型相反。

2. 说明文的结构类型及模式

说明文的结构能否成为一个体系，在 20 世纪中期之前是很难说有明确定论的。古代虽然有"说"这个名目，如陆机的《文赋》把一切文章划分为"诗""赋""碑""诔""铭""箴""颂""论""奏""说"，就是说虽然《文赋》把"说"放在最后一类成为一个独立的类，但实际上"说"并没有完全从"论"中分化出来，不少著作将二者合并成为"论说"，并用议论文的某些规律去解释说明文。虽然多数人都认同把文章分成记叙文、说明文、议论文，但在理论上还没有完成科学分类的任务。因此显然存在两个难题——到底如何区别说明文和议论文？说明文到底存在与否？20 世纪末，"议论文是为了辨明是非，使人有所信；说明文是为了说明事理，使人有所知"的观点得到了更多人的认同，这个总结确实是个很好的概括，能使人获得一个对比鲜明的概念。但是这种说法显然缺乏科学的标准，仍然需要人们"神而明之"，如果遇到论说难分的情况，就往往陷入争论不休的境地。因此，又有人提出：凡是属于社会科学范围的文章，都是议论文；凡是属于自然科学范围的文章，都是说明文。这样使用一刀切的方法似乎很干脆，可是实际上的困难更多，片面性更大，这是因为自然科学不能没有科学论证，社会科学也不能没有说明。

多少年来，上述问题不但没有彻底解决，而且还出现新问题。例如许多写作学著作都把说明、议论之类称为表达方式。这样就更加难分清方法、结构和文体这些概念。尽管文章结构是文章形式，但它只是文章的三种表达形式之一，因为语言和体裁也是文章的表达形式，不能以偏概全。虽然说明与议论具有不同的表达功能，但是结构决定功能是科学规律，所以也不能把表达功能和表达方式看作同一的现象。简而言之，说明文不同于议论文，其客观原因就在于结构不同。

关于说明文的结构问题，叶圣陶先生（1983）有一种说法颇受赞赏。他说："说明文大体也有一定的方式。开头往往把所要说明的事物下一个诠释，立下一个定义……接下去把诠释和定义里头的语义和内容推阐明白，然后来一个结尾，这样就是一篇有条有理的说明文。"这种说法虽然不能形成完整的科学体系，但是已经触及说明文的本质特征，触及一般说明文的思维形式，而且明显地应用下定义的逻辑术语。若从实际出发进行分析，就知道开头下定义是一种综合的思维形式，是通过周密分析之后，抓住本质，再进行综合的一种思维形式。推阐定义，就是综合之后的分析。最后结尾，实际上又是从分析中进行综合。由此可见，说明文的结构主要是决定于分析综合的思维形式，说明文的结构体系，就是分析综合的体系。这个体系合乎逻辑的类型共有四种：即分析型、综合型、分合型、分说型。

（1）分析型说明文结构模式

在辩证逻辑中，分析是对综合而言的，而且必须以综合为对象。但是在任何情况下，分析都是主要的，没有分析就没有综合，而且无法说明问题。要说明问题，就要分析事物的条理、主次。分析的基本规律就是由整体和全局分解为一定的部类、属性与本质之类，这正像把一部机器拆卸为零件和部件一样。因此，对于整体和全局的说明叫总说，这是在人们的思维中经过综合的成果；对于部分和局部的说明叫分说，这是人们在思维过程中经过分析的成果。这里所说的总说和分说，就是分析型的基本间架。

这种由总说到分说的逻辑关系是分析居于主要地位，所以这种说明文的结构属于分析型。分析型说明文的合理模式是先总说，后分说，但是分说至少分为两部分，其结构模式如下：

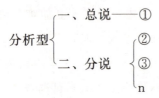

上述模式中的"n"是任意自然数，它表示客观事物的无限可分性和一定的主观性、随意性。从这个模式中可以看出，分析型的说明文都有一个相当于"开头"的部分，即"总说"，但是没有相应的"结尾"。分析型之所以需要总说和分说两大部分，是由于它适用于下述场合，即首先需要确定全局、整体，点明主题，然后条分缕析，逐层进行说明，这是人们的认识过程从抽象到具体的必然规律。

（2）综合型说明文结构模式

综合是和分析相对的，而且以分析为前提。没有分析也就没有综合，这在思维过程中是必然的。因此，当客观上需要说明某种事物或事理的时候，首先就必须分析，抓住本质的东西，然后才能进行综合或总结。它的基本规律是由局部或部分综合为全局或整体，正如由若干部件、零件装配成机器一样。因此，对于部分或局部的说明，叫分说；对于全局或整体的说明，叫总结。分说和总结两大部分，就是综合型的基本间架。这种由分说到总结、即由分析到综合的逻辑形式显然是综合居于主要地位，所以这种结构类型属于综合型。其结构模式如下：

从模式中可以看出，综合型的说明文都有一个相当于"结尾"的部分，即其中的"总结"，但是没有相应的"开头"。之所以如此，是由于共性寓于个性之中，没有个性就没有共性。因此，综合型之所以要先分说后总结，就是由于综合必须以分析为基础的缘故。

（3）分合型说明文结构模式

分合型是分析型和综合型的复合形式，也是分析与综合的辩证关系的反映。因此，这个类型兼有前述两个类型的特点，而且有一个共同的分说部分，可以作为复合形式的纽带，从而形成三大部分的基本间架，即总说、分说、总结，这种先总说、再分说、后总结的说明文，从思维形式上看，就是分析与综合相互结合的反映，也是汉语说明文中所占比重最大的一种结构类型。其结构模式如下：

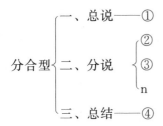

分合型的说明文都兼有分析型和综合型的全部特点，既有相当于"开头"的部分，又有相当于"结尾"的部分，这种头尾俱全的结构模式是分合型的主要特点，因此这种模式有较广的适用范围。在总说中可以"立片言而居要"，作为"一篇之警策"；在总结中可以回顾全文，进行抽象概括；在分说中可以条分缕析，逐层深入。也就是说，分合型的结构模式是客观辩证法的全面结合的反映。

（4）分说型说明文结构模式

分说型是分项说明的特殊形式，它的客观依据和前述各种结构类型中的分说一样，都是客观事物无限可分的反映。虽然文章本身只有两个或几个并列的分说，似乎并没有什么分析关系，但是事实上这种分说都是直接对题目进行分析的表现，因此这种结构类型仍然是分析的逻辑关系起了决定性的作用。

这种结构类型的分析关系虽然比较简单，但是每个分项内部的结构却比较复杂，因为它可以属于各种不同的类型，既可能是分析型或综合型，也可能是分合型或分说型。这种复杂现象主要决定于文章的内容，即决定于每个分说内部的逻辑关系。其结构模式如下：

$$分说型\begin{cases} 一、分说（X 型）——① \\ 二、分说（X 型）——② \\ 三、……（X 型）——n \end{cases}$$

从上述模式中可以看出，分说型的说明文都是由几个部分组成的，但是最少要有两部分，正是由于这种结构类型是由两个以上的分说构成的，所以它既没有相应的开头，也没有相应的结尾。

（二）叙述描写体系

叙述描写体系包括通常所说的叙述文（记叙文）和描写文。叙述文和描写文显然不同于说明文和议论文，这是因为两者的功能不同，两者的结构也不同。说明文和议论文的结构基本上决定于逻辑思维，叙述文和描写文的结构基本上决定于形象思维。除了议论文、说明文、叙述文、描写文，还有一种称为抒情文的，既没有被包含在某一体系中，也没有独立的体系。这是因为，抒情文并没有独特的结构，它若不是依靠说明、议论，就是依靠叙述、描写，单纯地为抒情而抒情是难以成为兼具内容与形式，且结构独立的语篇形式的。

叙述文在我国古代往往按照它的效用称为传或者记，后代则合称传记或叙事、叙记、记叙。古代的叙事文看起来都比较纯粹，几乎没有多少描写成分。正是由于这个缘故，所以叙述文理应称为独立存在的一种文章。描写文在我国古代多称记，而且往往跟叙述文混为一谈，直到 20 世纪 20 年代，陈望道先生开始把它叫作记载文，夏丏尊先生等人把它叫作记事文，即现在所说的描写文。他们认为这种文章是为了描述人和物的形状和性质，似乎有点像绘画。因此，描写文的结构属于静态形象思维的范围，而叙述文则是属于动态形象思维的范围。若按逻辑关系说，叙述文的结构是时间因果关系的具体表现，而描写文的结构是空间分合关系的具体表现。两者作为形象思维的具体表现，不仅相互联系，而且各有不同的本质。描写文属于形象思维的空间性体系，叙述文属于形象思维的时间性体系。

1. 叙述文的结构类型及模式

古代叙事文叙事居多描写很少，近代和现代的叙事文尽管环境描写和人物描写逐渐增多，但它的体性仍然以叙述为主，尤其是当代的中外小说中出现了大量的心理描写，尽管这些环境、人物、心理描写大大超出了传统小说的默许限度，但是它始终离不开主人公及小说的基本情节，因此叙述文的结构仍然未变，它的基本规律仍然未变，也就是说，凡是叙述夹带描写的文章，两者的主从关系永远变不了。所谓叙述文和描写文都是对两者的体性而说，并非从体裁方面说，因此，叙述文按其形象思维的特性来说，理应包括小说和剧本以及寓言、童话、传记、通讯、游记、散文等。虽然有些散文、通讯、游记不是单纯的叙述文，而是兼有形象思维和逻辑思维的复合文，但是叙述文以有形象性为其特性，这是非常明显的。夏丏尊和刘薰宇曾经给叙事文下过这样的定义："记叙人和事物的动作变化或事实的推移现象的文字，称为叙事文。"[①] 显然这是属于动态形象思维的范围。由于变化发展离不开时间，离不开内部因果关系，所以叙述文是时间因果关系的具体表现。虽然时间离开空间是不可想象的，但是叙述文的结构决定于形象思维的时间因果关系，这是合乎辩证法的。由于时间因果关系都有顺逆之分，这个体系的形象思维也有正象反象及其辩证形式，反映到文章结构中就分为四个类型，即顺叙型、倒叙型、合叙型、分叙型。也就是说，研究叙述文的结构规律，主要是从形象思维的正反体系进行的。

所谓形象思维的正反关系，就是事物运动的具体形式在人们思维中的顺序反映或逆序反映。所谓顺逆，是以时间先后为标准的。因为时间是世界万物运动的主要形式，所以叙述文的结构形式主要是表现人和事物的运动过程，同理，形象思维的结构类型也从时间的顺逆上表现出来。因此，顺时性的形象体系可称为正象；逆时性的形象体系可称为反象。也就是说，前因必然带来后果的形象体系就是正象；根据后果推溯前因的形象体系就是反象。再由于正象与反象之间具有辩证关系，所以又有正反结合的合象，此外，还有各种形象的并列形式，似乎跟合象相反，故称分象。这样的历时性形象思维反映到叙述文的结构中，就成为以上所说的四个类型。

---

① 夏丏尊、刘薰宇：《文章作法》，开明书店 1926 年版，第 33 页。转引自吴应天《文章结构学》，中国人民大学出版社 1989 年版，第 20 页。

（1）顺叙型叙述文结构模式

顺叙型决定于形象思维的正象，而正象是跟反象相对的。从实质上看，它是客观事物发生、发展顺序的客观反映，所以也可以称为客观型。我国古代所说的"起承转合"可以说是顺叙型模式的雏形，而当代叙事理论所说的"开端——发展——高潮——结局"也和顺叙型的实质是一样的，都是整个故事的自然顺序的反映。顺叙型的结构模式可以概括如下：

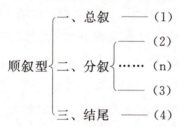

总叙是一切情节发生、发展的起点，也是客观事物发生、发展的基本原因，类似于"起"或者"开端"。分叙是叙述事物发展过程的曲折变化，目的是通过两个以上的具体情节或事件，充分表现主题的合理性和可信性。模式中的（2）、（3）是分叙部分的常数，相当于"承""转"或者"发展""高潮"。"n"这个任意自然数是其中的"变数"，n 的值越大，故事性就越强，事件的发展就更为曲折。"结尾"则是所叙述的事物发展过程的结果。

（2）倒叙型叙述文结构模式

倒叙型决定于形象思维的反象，而反象是事物发展过程的主要事件颠倒了自然顺序的反映，一般把"本事"中原有的"往事"写在"结局"之后。这种"本事"在前、"往事"在后的结构形式，显然形成因果倒置的局面，所以称为倒叙型，其结构模式如下：

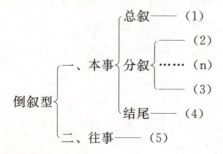

倒叙型模式是倒置因果关系，即先写结果，后写原因，是谋篇布局的重要的艺术形式之一，目的是为事件制造惊奇和悬念从而引人入胜。

（3）合叙型叙述文结构模式

合叙型决定于形象思维的正象和反象的相互结合，同时也是顺叙和倒叙的互相结合。这种结构类型，无疑是客观辩证法在记叙文结构中的必然反映。原因在于客观事物总是相互联系的，现实存在的"本事"总是和"往事"联系在一起的。其结构模式如下：

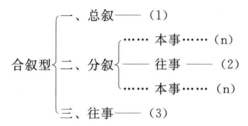

这个模式兼有顺叙和倒叙的因果关系，分叙的本事部分有两个灵活的"变数"，即本事部分可在往事之前，也可在往事之后，但是往事部分必须是整个结构系统的根或干，而不是枝或叶，否则，就只能是局部的插叙或补叙。

（4）分叙型叙述文结构模式

分叙型决定于形象思维的分象，而分象是同一事物的几个阶段或几个部分的反映。几个并列的分叙部分共同构成一个完整的叙述文，且分叙的部分具有一定的独立性，每个分叙部分有可能是顺叙型或倒叙型，也可能是合叙型或分叙型。其结构模式如下：

分叙型模式 {
一、分叙（X 型）——（1）
二、分叙（X 型）——（2）
三、分叙（X 型）——（n）
}

其中的 X 代表四种模式的某一种，这是包含整体意义的"变数"。其中的 n 代表任意自然数，是跟（1）、（2）两个常数相对的变数，它可以是零，也可以是很大的数。

2. 描写文的结构类型及模式

应该可以肯定，形象思维也具有可以理解的性质，因为形象思维中寓有逻辑思维，并可分为普通逻辑与辩证逻辑。同理，形象思维也可以分为因果形象思维与分合形象思维，描写文的结构就是决定于分合形象思维的形式。从叙述文的时间因果关系看，它的形象体系显然寓有议论文中的因果关系，即演绎归纳关系。从描写文的空间分合关系看，它的形象体系显然寓有说明文的分合关系，即分析综合关系，因此，描写文的结构和说明文的结构十分相像，只是说明文的结构属于抽象的分合体系，描写文的结构属于具体的分合体系。

所谓描写文，主要是描写客观事物占有空间的整体形象。因为任何事物都占有一定的空间，任何事物都以其部分与整体的对立统一关系存在着。又因为人们把整体分解为部分叫分析，把部分组合为整体叫综合，而分析综合是辩证逻辑的基本形式，所以描写文是描绘事物空间性形象的文章，同时也是分合形象思维的反映。

从空间性形象思维的整体看，它的形象所以不同于时间性形象思维，主要是因为事物整体与部分之间的构象类型可分为聚象、散象、聚散象、散分象四种，而且显然不同于叙述文的因果形象体系。根据形象思维的这种分类法，描写文的结构就可以分为聚象型、散象型、聚散型、散分型四种。

（1）散象型描写文结构模式

形象思维中的散象型，很像逻辑思维中的分析型。在辩证逻辑中，分析是对综合而说的。在形象思维中，散象是对聚象而言的，散象是聚象的分解、解剖和分析，所以散象必须以聚象为前提，而聚象则是散象的结合、化合和综合。因此，散象型是以分解、分析为主的一种结构类型。这种结构类型必须具有总描和分描两大部类，即对于聚象或整体事物的描写称为总描，对于散象或部分事物的描写称为分描。其模式如下：

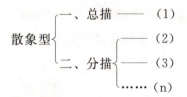

分描至少由两个以上部分构成，"二"只是一个常数，还可以由"三"

以上的变数，即上述的 n 来代表，它也表示了客观事物的无限可分性和一定的随意性。

（2）聚象型描写文结构模式

聚象型和散象型相反，它是若干散象的结合或综合，所以必须以散象为基础，它的基本间架是"分描＋结描"。分描是写事物的部分散象，结描是写事物的整体聚象，而以聚象为主。其结构模式如下：

这种结构的规律是前分后合，分描部分有多有少，但最少是两部分，n 表示三以上的变数。

（3）聚散型描写文结构模式

聚散型是散象型和聚象型的复合类型，正像语法中的复合句一样，它既是若干散象的化合、综合，又是整个聚象的分解、分析，因此，它兼有聚象和散象的特点。其模式如下：

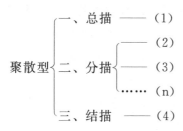

这是首尾圆合的一种描写文，总描和结描正好相当于头尾，是描写文中结构最为完整的一种类型。

（4）散分型描写文结构模式

散分型是只有两个或两个以上并列的散象而无聚象的一种结构类型。它正像说明文的分说型，然而它是具体的说明。其模式如下：

散分型
一、分描（X 型）——（1）
二、分描（X 型）——（2）
三、分描（X 型）——（n）

一切散分型的描写文都没有相应的开头，也没有相应的结尾。

（三）复合体系

从文章的实际情况来看，文章结构除了上述的基本结构体系外，还有一个庞大的复合结构体系。基本结构体系是指说明议论体系和叙述描写体系，复合文结构体系是指上述各种结构体系的复合形式。正如语法中的复合句一样。清代章学诚在《论课蒙学文法》中说："先叙后断，先断后叙，且叙且断，以叙作断……离合变化，奇正相生，如孙权用兵，扁秦用药，神妙莫测，胜于化工。"① 其实不仅叙议可以复合，而且论说也可以复合，描叙、描议也可以复合，各种复合形式虽然千变万化，但万变不离其宗，此中基本原理并不神秘，这就是文章结构决定于各种思维形式的互相结合、互相依存。所谓情理相通、相得益彰，正是复合文应运而生的必然性。

我们在一般常识的范围内知道，推理有复合推理、文章有先叙后议论、描叙结合之类。其实，这种现象正好显示出思维形式的复合性，庞大的复合文体系正是决定于思维形式的复合性。复合文具有高度的综合性，人们分不清一些说明文和议论文，分不清一些叙述文和描写文，这往往就是有复合文存在的缘故。复合文的结构决定于两种思维形式的互相结合，即逻辑思维和形象思维。再进一步，逻辑思维又指普通逻辑和辩证逻辑，两种形象思维就是历时性形象思维和空间性形象思维。这就是说，说明文、议论文、叙述文、描写文都可以成为文章结构的一个复合单位，只是由于两种思维形式之间在新的条件下形成新的不同关系，所以复合文的复合类型可以分为两类，即联合复合型、主从复合型。

1. 联合复合型

这是两种结构体系平等联合的一种复合形式。有些评论文就是这种复合形式，即一部分是说明文，另一部分是议论文，各得其所，这种文章通常合称为论说文。复合文有简单的，也有复杂的，因为说明文、议论文、叙述文、描写文都有四种结构模式，而这些模式都可以成为复合文的构成

---

① 嘉业堂刊本《章氏遗书》补遗，转引自吴应天《文章结构学》，中国人民大学出版社 1989年版，第 23 页。

因素，其复杂性不言而喻。联合复合型结构模式可以归结如下：

【图例】

1. 说明文模式＝S（首字母，下同）

2. 议论文模式＝Y

3. 叙述文模式＝X

4. 描写文模式＝M

5. 分析型-综合型-分合型-分说型＝$S_1 - S_2 - S_3 - S_4$

6. 演绎型-归纳型-演归型-分论型＝$Y_1 - Y_2 - Y_3 - Y_4$

7. 顺叙型-倒叙型-合叙型-散叙型＝$X_1 - X_2 - X_3 - X_4$

8. 聚象型-散象型-聚散型-散分型＝$M_1 - M_2 - M_3 - M_4$

9. 任意自然数＝n

$$
联合复合型
\begin{cases}
一、复合单位 \begin{cases}
1.简单因素 \begin{cases} S_1 - S_2 - S_3 - S_4 \\ Y_1 - Y_2 - Y_3 - Y_4 \end{cases} \\
2.复杂因素 \begin{cases} S_1 Y_1 - S_1 Y_2 - S_1 Y_3 - S_1 Y_4 \\ S_1 Y_1 \cdot S_1 - S_1 Y_2 \cdot S_2 - S_1 Y_3 \cdot S_3 - \cdots \end{cases}
\end{cases} \\
二、复合单位 \begin{cases}
1.简单因素 \begin{cases} S_1 - S_2 - S_3 - S_4 \\ Y_1 - Y_2 - Y_3 - Y_4 \end{cases} \\
2.复杂因素 \begin{cases} S_1 Y_1 - S_1 Y_2 - S_1 Y_3 - S_1 Y_4 \\ S_1 Y_1 \cdot S_1 - S_1 Y_2 \cdot S_2 - S_1 Y_3 \cdot S_3 - \cdots \end{cases}
\end{cases}
\end{cases}
$$

$$\cdots\cdots\cdots\cdots\cdots（n）$$

这个模式是以说明文和议论文两个复合因素为例的复合形式。从理论上来说，说明文、议论文、叙述文、描写文共同复合的语篇形式也是有可能的，但在实际中，这样的复合文极为少见，而说明文与议论文的复合、叙述文与描写文的复合以及叙述文与说明文、议论文的复合是复合文中较为常见的形式。简单复合因素是指任意一种类型的说明文和议论文的一次性复合，复杂复合因素则是指任意一种类型的说明文和议论文初级复合后再次参与复合。"n"这个任意自然数表示存在两个以上复合单位的可能性。

2. 主从复合型

这是两种结构体系按照主从关系结合在一起的一种复合形式。许多文艺作品特别是许多散文都是这种复合形式。这种结构形式一般都是形象思维占了主导地位，因而具有较强的艺术性，或者说主观情感性。我们通常所说的叙述为主夹叙夹议的复合文其结构间架可简单地描述为

$$主从复合型 \begin{cases} 一、主要复合单位——叙述文（任意型）\\ 二、次要复合单位——议论文（任意型） \end{cases}$$

实际上，主从复合文也是一个相当复杂的体系，因为叙述文有四种模式，议论文和说明文共有八种模式，其参与复合的因素既可以是简单因素也可以是复杂因素，其结构模式如下：

【图例】

1. 说明文模式＝S（首字母，下同）

2. 议论文模式＝Y

3. 叙述文模式＝X

4. 描写文模式＝M

5. 分析型-综合性-分合型-分说型＝$S_1 - S_2 - S_3 - S_4$

6. 演绎型-归纳型-演归型-分论型＝$Y_1 - Y_2 - Y_3 - Y_4$

7. 顺叙型-倒叙型-合叙型-散叙型＝$X_1 - X_2 - X_3 - X_4$

8. 聚象型-散象型-聚散型-散分型＝$M_1 - M_2 - M_3 - M_4$

9. 任意自然数＝n

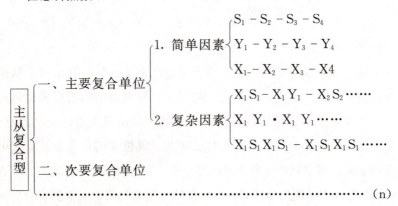

一切文章的体性除了单纯的说明文、议论文、叙述文之外，还有各种复合文。多数科学论著，除了用到单纯的说明文和议论文之外，还要用到复合文；多数文学作品，除了要用单纯的叙述文和描写文之外，也要用到

复合文。此外，多数的应用文，除了要用单纯的说明文、议论文、叙述文之外，也要用到复合文。无论是古代还是现代，复合文都是大量存在的。例如《古文观止》中所选的《左传》各篇，按说都该是单纯的叙述文，可实际上并不如此，原因在于叙述之后往往加上"君子曰"的议论，变成叙议结合的复合文。又如范仲淹的《岳阳楼记》，一般都看作游记，实际上也是有叙述有议论的复合文。还有刘禹锡的《陋室铭》，一般都看作抒情文，可是抒情无不通过叙事和说理进行，所以也是复合文。至于目前常见的散文、杂文和通讯报道之类，也多是复合文。因此，我们必须正视复合文的大量存在。这是当前语篇研究和读写教学中相当重要的课题。

应该承认的是，该结构体系的建构还尚未达到完全涵盖所有语篇类型的程度，如应用文类，无论其应该归属的思维类型还是对其结构类型的具体归类均未涉及，但该分类方法立足于人类思维形式的共性，抽取出了叙述文、描写文、议论文、说明文的基本结构框架，就语言教学的需要而言，这个体系具有标准单一、概括性强、便于讲授同时也易于理解的特点。尤其是在目前汉语语篇结构研究成果甚少的现状之下，吴应天的汉语语篇结构研究还是具有非常重要的开创性意义的。

第六章 留学生叙事语篇的结构模式研究

第一节 汉语叙事语篇的结构维度及其功能

一 叙事语篇的结构要素与结构维度

语篇结构是语篇研究无法回避的研究内容之一。研究语篇结构的一个重要任务，就是通过找出各种类型语篇的结构成分，明晰这些成分之间的相互关系及语篇功能，进而揭示这些成分是如何组成语篇的。叙事语篇是以叙述为主要表达方式，以写人物的经历和事物发展变化为主要内容的一种语篇形式。中国传统文章学称之为记叙文并指出时间、人物、地点、起因、经过、结果是记叙文的六个要素。当代语言学者拉波夫（W. Labov，1972）在《Language in the Inner City》一书中提出了著名的"拉波夫叙事语篇分析模式"，认为完整的叙事语篇包括六个要素：点题、指向、进展、评议、结局、回应。"点题"是叙事者在讲故事之前对故事所作的简要概括。"指向"是叙事者对事件发生的时间、地点、背景以及人物涉及的描述。"进展"指故事的发生、发展。"评议"是叙述者对叙述中出现的各种情况的看法和评论。"结局"正式示意叙述终了。"回应"用来接应主题，使读者对叙述者有一个完整的了解，并把叙述者和听众从故事中带出来。

上述两种"要素"观点都立足于从揭示叙事语篇构成的最基本成分入手探求叙事语篇的结构规律，并分别对汉语文体研究和当代语篇研究产生了广泛而深入的影响。①

　　拉波夫的研究一方面体现了东西方现代与古代语篇研究的殊途同归，另一方面也体现了现代语篇研究中语篇认识的改进与发展。就发展而言，首先，文章学提取的六个客观因素没有涉及人的主观认知，因此，严格说来只是"事"的要素，而非"文"的要素。而拉波夫的六个要素中用"指向"和"进展"概括了文章学中的六个要素，并在除了"进展"以外的五个要素中都或多或少地强调了人的认知因素在叙事语篇结构中的作用，完善了语篇构成成分。其次，从逻辑关系的角度看文章学六要素中的事件的起因、经过、结局属于事件的情节发展过程，这三者是部分与整体的关系，即事件的起因＋事件的经过＋事件的结局＝事件。如果要视这三者为要素的话，那也只能是事件的构成要素，而不能将事件的构成要素与人、事、时、空并称为记叙文的要素，因为它们在逻辑上构不成并列关系。拉波夫的研究改进了要素间的逻辑关系，将叙事立足于事件视角，将从事件和叙事者两个角度归纳出的六个要素居于语篇的同一层面。但具体到构成叙事语篇基本层面的这些要素是如何相互关联的，这些要素在构建叙事语篇时体现了什么样的语篇功能等问题均未有深入的探讨和揭示。其主要原因在于，拉波夫的要素其实也不是语篇构成的最小成分，因为在要素内部又包含了众多小的要素，如"指向"要素中包含了时间、地点、背景要素，"进展"包含了事件的"发生、进展"。这使这些要素无法纳入一个统一的框架之下，来分析要素间的相互关联和要素的语篇功能。如果我们转变一下思路，换一种视角从要素观中跳出来，采用维度观的方法，就可以为叙事语篇构成成分之间的相互关系及其语篇功能的研究打开一条通道。

　　词典对要素的解释是：①构成事物必不可少的因素。②组成系统的基本单元。文章学的六要素和拉波夫的六要素显然都只是词典释义中的第二个义项，即"组成语篇系统的基本单元"，而非"构成语篇必不可少的因

---

　　①　关于叙事语篇的构成要素认知语言学学者 Talmy（2000）从认知的角度提出了构成类型叙事的三要素：将时间性系列事件转化为范型的叙事认知系统，连续性事件的发展程度，连贯与意义的程度；功能语言学学者 Brown 和 Yule（1983）认为语篇是交际事件的言语记录，一个大的叙事语篇是由一个个小的所述事件构成，而划分一个小的所述事件的标准则是语篇故事发生的时间顺序或地点场所的转移。这些要素与本节所讨论的要素并不同质，因此本书不予讨论。

素"。因为对于写人的叙事语篇来说，文章学的六个要素并非缺一不可，事件的起因、经过、结果并非都得一一加以描述。拉波夫虽然对起因、经过、结果加以整合，但他所提出的六个要素中，"点题"是"任意的"，即可有可无，同时已有研究通过对叙事语篇结构的验证分析表明"评议"与"回应"也同样可以在语篇中没有体现（张四友，2000）。既然六个要素中有三个要素在具体叙事语篇中都存在任意性，那么称其为"叙事语篇的必要因素"显然有些牵强。其根本原因在于，语篇结构分析既可以从语篇理解的角度，也可以从语篇生成的角度进行，语篇理解是静态的语言产品分析，而语篇生成则是个动态的语言生产过程。诸多的认知因素决定了对语篇构成成分的筛选和使用。因此语篇结构要素在具体语篇中会存在限制性成分（必有）和随意性成分（可有可无）的差异，但通过分析这些要素的属性而归纳出的结构维度却可以成为语篇生成和语篇理解的必备成分。

　　词典对维度的解释是：维度是指一种视角而不是一个固定的数字，是一个判断、说明、评价和确定一个事物的多方位、多角度、多层次的条件和概念。维度既揭示了语篇构成要素之间的非线性排列性质，也体现了语篇结构方式的多态性、立体性。维度既是语篇构建的必备成分，也是语篇理解的必备成分，语篇的构建和语篇的理解在维度这一层面上交叉，从而将语篇构建和语篇理解集于同一个框架下分析研究。我们认为一个完整的叙事语篇必然包含三个维度，即物理维度、事理维度和认知维度。每个维度中又包含构成维度的内在成分，这些成分在构成内容不同的语篇中其参与程度各不相同，但不管是哪种叙事语篇都必然存在三个维度。也就是说制约完整语篇生成和理解的是语篇结构维度而非要素。拉波夫的叙事语篇的六个要素实际上也暗含了三个维度的取向，"指向"属于物理维度，"进展"和"结局"属于事理维度，而"点题"、"评议"、"回应"属于认知维度。叙事语篇的各个构成成分从物理、事理、认知三个维度上撑开叙事语篇结构，经过这样的置换之后，成分之间不再厚此薄彼，而是在维度的架构中有机地联系起来。

二　叙事语篇的三个维度及其要素

van Dijk（1997）指出语篇具有三个维度，即语言使用、信仰的传递

（认知）和社会情景中的互助。该观点是立足于语篇的社会功能角度揭示语篇构成维度。从语篇的本质属性的角度，我们认为叙事语篇的构建和理解是在物理维度、事理维度和认知维度三重作用下共同完成的。

（一）物理维度及其要素

叙事语篇所述的是一个或多个事件，任何事件都有它的物理维度即时间和空间。作为言语活动的交际事件也是如此。Scholes 的叙事定义很明晰地指出，叙事是一组与主题和时间有关的事件先后发生的象征（张一平，1999）。任绍曾先生（2003）也明确提出和说明了叙事的这两个要素及其作用。在这两个要素中，时间作为叙事的基本属性乃学界共识。如Ricoeur 这样看待叙事的时间意义：时间只有用叙事方式组织才成为人类时间，反过来，叙事也只有描述时间存在的特征才有意义（Abbott H. Porter，2002）。Ochs（1997）认为，叙事意味着人类生活方式，是人们构造多种意义的活动，而时间属性则是叙事的必要条件。这些理论阐述明确了叙事主题意义与叙事时间的基本关系。叙事语篇中的时间表达方法可以概括为三种形式：直接时间——时间表述明确，如日历里的"2008 年 8 月 8 日"，或一个精确的时刻如"早上 8 点"；索引时间——所有的时间表达要通过一个特定的时间来评估，如"今天，下周末"；模糊时间——时间表述比较模糊，对应到一个时间点或时间间隔里比较困难，如"在几周之内"。

空间是宇宙万物发生、发展和存在的另一种基本形式，也是语篇结构物理维度的另一个组成要素。中国古代的空间意识和空间观念在小说叙事中表现出与近代西方空间观念不同的鲜明色彩。古人认为空间和时间是统一的，时空统一于物体的运动，并且空间意识的形成要先于时间意识，这一点正是古代中国整体思维特点的直接反映（李乃刚，2010）。而在西方，叙事是存在于时间结构中的，时间性一直在叙事研究中占据着主导地位，叙事研究一直秉承将时间处于优先地位的原则。巴赫金将时间和空间融合到一个时空体框架中，最早提出叙事空间框架构想，开创了叙事空间研究的先河。叙事语篇中的空间一是指在一定的场合中由人物行为活动所构成的场景，包括具体环境、背景和人物活动，它所反映的是现实的生活空间；二是指由叙事语言构建的与现实空间相对的叙事空间及心理空间。

时间和空间是与一切实在之物相关联的框架和维度，对空间和时间进行的研究是一个问题的两个方面，唇齿相依、不可分割。比起时间概念来，空间概念更具有抽象性。故事时间是线性的，叙事时间可以是顺序，也可是回叙或预叙，或者兼而有之，但时间只能存在于一定的空间里，没有空间作为时间的载体，时间就没有任何意义。

（二）事理维度及其要素

事理维度是对客观事物发展规律及其内在联系的反映。这种发展规律和内在联系在语言中体现为各种逻辑顺序和逻辑关系，因此，语篇结构从本质上来讲就是通过逻辑顺序和逻辑关系来组合材料、讲述事件的方式的形式体现。事理维度中包含了事理逻辑关系、生活逻辑关系以及情感逻辑关系，不同类型的叙事语篇中，叙事者为了叙事目的的需要通常会选择不同的逻辑关系项，例如，因果、条件、演绎、转折、并列等逻辑关系项经常出现在典型报道、综合消息、新闻述评、主题通讯等叙事语篇中，而顺承、递进、转折、连锁等关系项往往在故事、小说等叙事语篇中发生作用。

事理维度主要包括事件的起因、发展和结果，这其中暗含着事件的逻辑关系。不同主题的叙事语篇，事理维度的构成要素有不同的侧重，比如，以"生病"为主题事件的叙事语篇，其事理维度要素包括"病因、症状、治疗方式以及结果"，以"车祸"为主题事件的叙事语篇，其事理维度要素包括"出事原因、损失程度、处理结果"等。事理维度是以事件为核心的叙事语篇的最底层也是最基础的维度。不管是实际发生的事件抑或是叙事者虚构的非现实性事件，事件的缘由、过程和结果都是按照现实事件的发展程式而演进，它是叙事语篇结构搭建的基本依托，无论划分语篇层次的方法有多少种，逻辑关系在语篇的总体布局中总是有它自己的应处位置。在实际表达中，体现语篇内容的材料的位置虽然能因特殊的需要而进行顺序上的调整，段落的标题可能采用时空的形式，但无论什么样的手法和技巧都不可能跳脱体现事件进程的材料之间合理组合的逻辑网络。

（三）认知维度及其要素

传统记叙文的六要素中尽管没有涉及人的主观认识在语篇中的作用，但实际上我国古代文章学研究对人的主观因素在写作中的作用还是有所认识的。刘勰在《文心雕龙》的《物色》篇中提出"辞以情发"，又在《情采》篇中进一步论述这个问题，写道："情者，文之经，辞者，理之纬；经正而后纬成，理定而后辞畅，此立文之本源也。"所谓"情理"就是感情、道理、事义、观点的总称，他把"情"、"理"比作织布时的经线，把"辞"比作纬线，经线确立了才能装配纬线，情理决定了才能选择技巧、方法和形式。尽管此处的"情"不能看作是与认知有完全相同的内涵，它表达的只是人的认知中和情感相关的一部分，但也说明了人的认识在语篇构建中所起的作用。随着认知心理学的发展，认知研究在语言学中成为一个独立发展的学科，并逐渐渗入到语言研究的各个层面，认知在语言运用过程中的重要作用得到了完全的确立和深入的挖掘。西方学者普遍认同"叙事"等同于"故事"，认知叙事学家 Herman（2003）认为："故事存在于一切文化及亚文化中，可以被视为人类与时间、过程、变化达致协调的一种基本策略。"Burke 进一步指出"故事是基本的认知能力，因为我们以故事的方式去组织我们的大部分的经验、知识和思想"（Gavins Joanna，Steen Gerard，2003）。上述观点一方面揭示了叙事的本质，另一方面也隐射了叙事与人类认知的关系。认知理论认为人类的知识结构来自人的经验，并以人的感知、动觉、物质和社会的经验为基础，对直接经验和基本范畴以及意象图式进行组织和建构。在认知叙事的研究中，目前普遍关注的问题是图式和视角。前者即叙事所遵循的结构；视角即我们观察事物时所采取的角度。认知心理学认为先前事件的记忆提供着人们理解以后事件的基础。理解一个事件要求恢复相对的一般的知识，它使人们能够理解当前发生了什么，预期下一步将会发生什么，并确定对事件的适当反映。这"一般的知识"被称为图式，适用于一切需要依靠记忆的活动，其中包括写作叙事。视角是叙事认知研究中另一个广受关注的话题，它决定着经验范围的幅度和深度。Langacker（2004）认为，观察事物的角度不同既会影响观察的结果，也会影响语言的表达方式。不同的表达方式形成了不同的语篇类型，对不同类型的语篇分析的核心问题是意义问题。意义的生成、表达和理解一直是语篇分析的最终目标。而语篇意义是建立在语篇参与者的知识基础之上的。知识是在语篇使用者大脑中表征的关于语篇涉及的社会、文化、经验等的认知结构。这样的认知结构参与了语篇的宏观组织模式，是使语篇成为一种沟通意义方式的主要原则（严轶伦，2008）。至此，从认知语言学角度出发的语篇研究，强调了心智与语篇之间的互动模式。在叙事语篇中，认知维度决定语篇表达形式，如结构、手法、技巧、顺序等。

三 三个维度的相互关系及语篇功能

语篇是一种语流，通过制篇人的操作，使多维的世界知识和复杂的概念关系得以在线性的语流中得到恰当的表述。在貌似线性的语流上还存在意念的层级和立体掌控结构（熊学亮，2010），事理维度、物理维度和认知维度交互作用共同搭建语篇的结构层次和结构空间。其关系体现在三个方面：

1. 事理维度是叙事语篇构建的基础。
2. 物理维度是语篇结构形式的表现。
3. 认知维度是语篇构建的核心。

一个叙事语篇如果没有一个典型的事件，没有什么与众不同之处，读者或听众就会质问"你为什么跟我说这个？"同样，它也一定有一个情节结构，至少要有高潮和收场（姜望琪，2011）。包含事件起因、发展、结果的事理维度就是一个典型事件所具备的基本特质，而物理维度则是在认知维度的调控之后呈现出来的事理维度的表现形式。时空不过是物质运动的存在方式，并不是必然能够表现出事物的内在联系（尹炎，1993）。也就是说，叙事语篇的事理维度所暗含的事件之间的内在联系通常以时空的方式体现出来，但叙事语篇中的时空关系并不是必然能够替代叙事事件中的各种逻辑关系。例如，事件通讯《为了六十一个阶级兄弟》，作者根据事态发展的进程，用时间和地点做小标题，通过15个小节集中叙写了2月2日19时到2月5日发生在北京和平陆之间的事件。尽管在语篇表现形式上借助了时间的推移和空间的变换，但语篇内容材料之间的内在联系都不在于时空形式，而在于"需药——找药——送药——得药"四个事理逻辑内容的相互联结。整个事件时间经历了 21 个小时，空间跨越了两千余里，作者没有时不舍分秒，地不遗方寸地依次道来，读者也没有因此而产生割经断纬的感觉，其中的奥妙就在于无论是写作者还是阅读者都是依据生活的逻辑以及事理的逻辑进行表达和接受的，彼此同受逻辑规律的制约而心照不宣。按照适应主题需要的逻辑联系来选择材料和组合材料是构建语篇的一个重要原则，忽视这一原则而只着眼于时空形式叙事语篇或者容易写成流水账或者令读者、听者产生语篇表达混乱缺乏连贯的感觉。也就是说事理维度在语篇结构中的主要功能体现在制约语篇"言之有序"中"序"的问题。事理维度制约"序"，物理维度表现"序"。

叙事的共同特征是描述事件从一个状态向另一个状态作时间上或者空间上的推移。这是叙事语篇时空上的维度。事件内在的逻辑发展过程通过时间和空间上的延展或转移而表现出来。时间和空间作为事理维度的表现形式成为语篇结构的最显性结构标记。关于时间和空间特征在叙事语篇结构中的重要作用是目前叙事语篇研究中成果最为丰富的研究内容。[①] 根据 Duranti（1985）的介绍，就交际事件而言，它有自己特定的时空边界和时空标记。时空边界可分为外在的和内在的，外在的时空边界，如整个交际事件的开始和结束或者是交际事件发生的地点场所；内在的时空边界可以将交际事件划分为潜在的部分，也就是作者或叙述者按照事件内部的时间发展顺序或者以故事中的地点场所为界分出更小的事件。外在的和内在的时空边界通常可作为语篇结构层次划分的依据。而时空边界的标记，表现在语言形式上多由时间词和处所词承担。语篇中大小事件之间基本上都有表示时空关系的语言成分，这些表示时空关系的语言成分既是叙事体语篇的基本单位，又是将每个大小事件组成连贯语篇的衔

---

① 关于叙事语篇时空特征的研究可参见杨炳钧、郑涌《叙事语篇中时间表征的评定差异研究》，《心理科学》2007 年第 2 期；贺学勤《叙事语篇主题发展的时间认知建构》，《湖州师范学院学报》2010 年第 5 期；罗茜、杜莉莉《语篇理解里的叙事时间特征分析》，《重庆工商大学学报》（社会科学版）2008 年第 4 期等相关文献，在此不再赘述。

接手段（乐耀，2010）。时间和空间的过程性共同构成叙事的时间流，是叙事语篇事件发展的基本构架，也是叙事发展的基本方式（贺学勤，2009）。时间的发展是叙事语篇的特征，对于叙事语篇的理解，掌握叙事时间的发展是关键。叙事时间在语篇生成和理解中充当非常重要的角色。叙事时间能引入转换，进而影响语篇理解。叙事时间又具有激活情景模式和心理模式的功能，同时作为分割记号，它标志着语篇中的时间间隙和话题转换。

叙事语篇结构中的另外一个重要维度是认知维度，它决定整个语篇事件逻辑与时空的配置问题，即主题或情节如何通过时间和情感交织成一个连贯的叙事。认知维度能够控制语篇的内容，决定什么内容可以被包括进来，什么内容将得到详细描述，什么内容只是简单提及，以及什么内容能改变它在语篇中的通常位置。并非所有故事都严格遵守事件发生发展的自然时空顺序，作者有时会根据实际需要，打乱故事发生的自然时间或空间顺序，重新安排故事情节用以制造悬念，起到戏剧化的叙述效果。比如倒叙就是先介绍故事的结局，再按故事发展的自然时间或空间顺序进行叙述，新闻报道、侦探故事等常采用这一叙述笔法。而不少意识流、现代或后现代作品则常采用心理时空顺序进行叙述。时间本质上是人对过去、现在和未来的体验，叙事的意义则在于展示这种体验的内在特点。作为与时间密切相关的语言表述方式，叙事往往展示了个人、群体特有或共有的时间表征及其心理特点。

认知维度赋予语篇以语义价值决定语篇意义，制约语篇的构成性和情感形态性。物理维度和事理维度只制约语篇意义而不决定语篇意义。作为构建语篇的功能而言，事理维度是最基本的，物理维度是最表层的，而认知维度则是将前两个维度组成连贯叙事语篇的丝线。

第二节　留学生记叙文的结构类型和模式

语篇的结构是有层级性的，以叙事为目的的记叙文，其结构的建构在宏观上是由认知、事理、物理三个维度相互作用而支撑的，在微观上，以人类思维方式中的形象思维为主导。夏丏尊和刘薰宇曾经给叙事文下过这样的定义："记叙人和事物的动作变化或事实的推移现象的文字，称为叙事文。"① 显然这是属于动态形象思维的范围。由于变化发展离不开时间，离不开内部因果关系，所以记叙文是时间因果关系的具体表现，记叙文的结构决定于形象思维的时间因果关系。由于时间因果关系都有顺逆之分，形象思维也有正象反象及其辩证形式，反映到文章结构中就分为四个类型，即顺叙型、倒叙型、合叙型、分叙型。也就是说，研究记叙文的结构规律，主要是从形象思维的正反体系进行研究。

以汉语记叙文语篇的四种基本类型为基础，我们对汉语学习者的记叙文语篇结构进行考察，考察目的在于尝试把握学习者记叙文语篇结构大致有哪些类型，是否存在一些特殊的结构表现。考察结果发现，留学生记叙文语篇主要存在以下几种结构模式。

一　顺叙型记叙文结构模式

顺叙型记叙文是指全文内容按照事件发展的自然顺序展示而形成的记叙文结构类型。

从实质上看，它是客观事物发生、发展顺序的客观反映，所以也可以称为客观型，我国古代所说的"起承转合"可以说是顺叙型模式的雏形，而当代叙事理论所说的"开端——发展——高潮——结局"也和顺叙型的实质是一样的，都是整个故事的自然顺序的反映。

1. 模式1

该模式可以称为顺叙型的基础型模式，其结构模式可以概括如下：

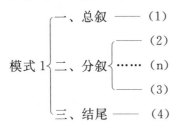

---

① 夏丏尊、刘薰宇：《文章作法》，开明书店 1926 年版，第 33 页。转引自吴应天《文章结构学》，中国人民大学出版社 1989 年版，第 20 页。

总叙是一切情节发生、发展的起点，也是客观事物发生、发展的基本原因，类似于"起"或者"开端"。分叙是叙述事物发展过程的曲折变化，目的是通过两个以上的具体情节或事件，充分表现主题的合理性和可信性。模式中的（2）、（3）是分叙部分的常数，相当于"承"、"转"或者"发展"、"高潮"。"n"这个任意自然数是其中的"变数"，n的值越大，故事性就越强，事件的发展就更为曲折。"结尾"则是所叙述的事物发展过程的结果。例如：

记对我影响最大的一个人

父亲是对我影响最大的一个人。现在，我在中国学习，这一切都得感谢父亲对我无微不至的关怀，这都是父亲给我的。

记得我第一次考大学，名落孙山。当时我很难过，气得好几天不能睡觉，觉得对不起父母许多年来的照顾，感到无脸见人。这时，父亲和蔼地拍着我的头，轻声地安慰说："你不要把这次失败看得太重，以后，还会有很多坎坷需要你去克服，不要太灰心，振作起来！"父亲以前经历过很多困境，每当遇到这种情况，他总是不消沉，后来也总是一片光明。父亲把他以前如何克服困难的勇气都传授给我。每次遇到困难时，我也总会想到父亲对我的教诲。

我接到中国录取通知书的时候，父亲微笑着对我说："孩子，你好好记住以前父亲对你说的话，到北京，肯定还有很多困难，如果你遇到这种困境，你要勇敢地面对它，克服它！"我每次遇到困难的时候，都会想起父亲的教训（诲）。

父亲好像永远在我的面前，带领我向一个又一个山峰攀登，把一个又一个困难踩在脚下。

我永远尊敬我的父亲。

作文编号：199412104523100116

这篇作文总叙指出父亲是对我影响最大的一个人，分叙采用考大学名落孙山和接到留学录取通知两个具体情节表现"父亲对我的影响和教海"，"考大学"和"到中国留学"两个情节是按照事件发生的先后顺序表述的，结尾用两句话再一次总结父亲对"我"的影响和"我"对父亲的感激。

除了上述的基础模式，留学生顺叙型记叙文还存在另外一种在结构上有细微差别的顺叙型模式。

2. 模式2

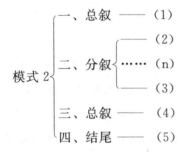

该模式在分叙结束后另起话题总叙，但总叙后没有分叙来对总叙进行情节上的支撑，随后便是文章的结尾。如果第二个总叙后又有了分叙，那么将形成由两个顺叙型结构组合而成的分叙型结构模式。例如：

记对我影响最大的一个人

自我呱呱坠地，从襁褓至牙牙学语，到长大成人，对我影响最大的莫过于生我、育我的母亲了。

由于父亲常年累月地在外为生计奔波，甚少在家，所以我从小就和母亲特别亲热。母亲出身贫寒，只读过几年书，但生性聪颖，领悟力强，很多巧手活儿都能无师自通，使我引以为荣。

自从嫁入豪门以后，母亲充分发挥了传统女性的美德，她得忍受婆婆的刁难，姑嫂之间的无理取闹，在责难声中把我们抚育成人。她常教导我们：百忍成金。她不许我们与人争吵或者吵架。记得有一次，我与同学打架，母亲知道后把我狠狠打了一顿，我不服气，说是那个同学故意找茬的，母亲却说一个巴掌拍不响，叫我别理他，他总有一天会得到教训的。

儿时常和母亲上市场买菜，母亲平易近人，和蔼可亲，使她深受菜贩们的欢迎，而且母亲常把菜贩多找的余钱还给他们，使我印象深刻。

母亲观察事物入微，任何小事都别想瞒过她。她分析能力强，善于推测，常常料事如神，真使我怀疑她是料事如神的"活神仙"。

母亲一生对我影响至深，她的行为举止塑造了我的性格和办事能力，使我有今日的成就。

作文编号：199508680529200536

作文用三个分叙支撑了第一个总叙，随后总叙了母亲观察能力和分析能力很强，但没有分叙具体情节，然后结尾。该结构与模式1的差别在于，尽管两个模式都有两个独立的段落形式，但模式1的两个段落其作用可以看作结尾。但模式2则不同，如果没有最后一段的结尾就会让人感觉作文新起了话头但还没有来得及写完。

3. 模式3

模式3 { 一、总叙 ——（1）
二、分叙 { （2）
（3）
……（n）

该类模式没有结尾，全文在分叙部分就结束了，没有结尾的原因，有可能是因为写作时间有限，在考试结束时没有来得及写出结尾，也有可能是作者沉浸在写作情绪中，信马由缰思路逐渐偏离而不自知，还有可能是作者对语篇结构的构思便是如此。例如：

记对我影响最大的一个人

对我影响最大的一个人乃先父也。先父虽离我而去三年多，但他的人生哲学，生前教诲及对我的期望还是时时刻刻伴着我，影响着我每日的思想行动。

先父生前是位政府公务员，早年当过教师，后来升职当了部门主任，虽然在新加坡这个社会里在行政方面都惯于采用英文为行政语文，可是受过传统中文教育和当过中文老师的父亲却从不忘本，还是不时地用广东话和华语和家人交谈，也在有空时追寻他多年的嗜好——书法。因此我深信今天饱受二十多年英文教育的我，还不至于是个"香蕉"、"内白外黄"，应该归功于我的父亲。

谈到书法，先父乃是行家，几十年的修为，自然从书法中悟出不少人生道理。"一气呵成"是他老人家常提起的书法原理，对于这四个字他常说做其他事情也无异，不能半途停顿或作废。他擅长行书，其遗迹我还积极保存。

先父早年因家境贫穷，无法念大学，虽然曾荣获到台湾大学念中文系的奖学金，但因要照顾父母亲而痛失了这个机会，所以他多年来的愿望就是希望自己的儿子能念上大学，尤其是医学系，这个心愿我最终今天也给他实现了。

另一个愿望就是能回去他老家，广东佛山，这个他不幸于58岁因心脏病去世，无以实现……

作文编号：199500533533100014

该文没有明确的结尾，但又似乎不像时间不够而没来得及写。综观全文，第一段为总叙，随后的分叙都是围绕总叙中的先父的人生哲学、教诲和期望三个方面来写的，因此这样的结构有可能就是作者对文章结构的预设。这样的结构安排带给读者的阅读感受略微有些"有放没有收"，因为作文的叙述顺序并不是以时间为线索，当读者阅读时若没有时间线索的预示通常会期待能在文字表述中获得文章即将结尾的暗示。

二　倒叙型记叙文结构模式

倒叙型是指将事物发展过程的主要事件颠倒了自然顺序而形成的语篇结构形式，即把"本事"中原有的"往事"写在"结局"之后。这种"本事"在前、"往事"在后的结构形式，称为倒叙型，吴应天（1989）将这种结构模式描写如下：

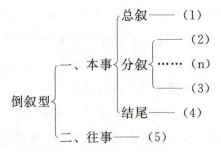

也就是说汉语母语使用者记叙文倒叙型文章结构通常在本事部分具有完整的总叙、分叙、结尾的部分。之所以为倒叙，是因为在本事叙事的结尾之后又开始了往事的追忆。倒叙型结构的语篇中，往事在内容上占有更为重要的地位。这样的倒叙结构我们在考察留学生记叙文语篇中没有看到，留学生记叙文倒叙型结构表现为如下模式：

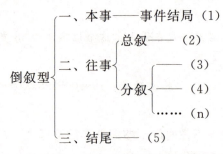

也就是说，留学生倒叙型记叙文通常是以事件的结尾开头，然后追忆过往事件，并且通常在往事中还会有两三个具体事件或情节来印证或加强总叙，往事结束后会有一个类似结尾的总结或概况。例如：

记我的父亲

"咕——，咕——"电话铃响了，把我从梦乡中唤回来。我一边拿起电话，一边看我的手表，早上 6 点钟，这么早，谁的鬼电话呀！母亲颤抖的声音从远方传过来，"孩子，你爸爸昨晚离世了！"我呆住了，电话筒跌落，回忆如流水一片片地出现在眼前。

记得 15 年前，我刚是个 7 岁的小孩子，特别调皮。有一天我在门前跳绳，一不小心跌倒了，头上出来的血把我吓得大哭大叫。病在床上的父亲不顾自己的高烧，抱着我，在寒冷的西北风中走了 5 里地，把我送到了医院。一路回来，我早忘记了自己头上的洞，也看见了父亲摇摇晃晃的步迈，还闹着要父亲抱我。这一次使我父亲病更转坏了。

出国的那一天，从来不表达自己的情绪的父亲眼里含着泪水。他拉着我的手，要我好好照顾自己，努力学习，要我出人头地。我忍不住也跟着哭了。还是他是男子汉，一转头就走了，留下了他的背影。

在国外 7、8 年了，每次打算回国探望父母的时候，又发生什么意外，这样一次又一次的迟疑造成了今天这样的结果，连见我父亲最后一面的机会都没有了。好恨啊！

作文编号：199412123614200006

作文从接到母亲告知父亲去世的电话开始展开对父亲的回忆，在往事部分用了详述去医院和送别两个情节展现了父女之情，最后回到本事表达了对父亲的愧疚之情。全文的重心在往事的追忆部分。

倒叙型模式是倒置因果关系，即先写结果，后写原因，是谋篇布局的重要的艺术形式之一，目的是为事件制造惊奇和悬念从而引人入胜。倒叙型记叙文较之顺叙型记叙文在谋篇布局上更胜一筹，在汉语写作能力上要求更高。

三　合叙型记叙文结构模式

合叙型是顺叙和倒叙的互相结合。这种结构类型，兼有顺叙和倒叙的因果关系，是客观辩证法在记叙文结构中的必然反映，因为现实存在的"本事"总是和"往事"联系在一起的。其模式如下：

```
               ┌─ 一、总叙 ──（1）
               │          ┌······ 本事 ······（n）
合叙型 ─┤ 二、分叙 ┤── 往事 ──（2）
               │          └······ 本事 ······（n）
               └─ 三、结尾 ──（3）
```

分叙的本事部分有两个灵活的"变数"，即本事部分可在往事之前，也可在往事之后。吴应天（1989）归纳的汉语记叙文语篇中的该类模式第三项依然为"往事"，意思是指"往事"和"本事"在语篇中所占的比例大致相当，也就是说"往事"部分必须是整个结构系统的根或干，而不是枝或叶，否则，就只能是局部的插叙或补叙。但留学生语篇通常在 500 字左右，在字数有限的情况下，分叙结束后很难再进一步地书写"往事"，因此便形成了在分叙部分"往事"与"本事"相互交织的合叙模式。例如：

记对我影响自己最大的一个人

如果不是她，我也许不会有今天。

她不是何方神圣，她是我的妻子。一个很平凡的中国女子。

今天我也没有飞黄腾达、身居要位，但是最低限度我学会了善待他人，做事负责，而且积极向上。

她对我产生影响力，应该说是从我们开始谈恋爱时起。

我们在念中学时认识，年轻时代的我，好动得不得了，喜欢玩乐，口里喊的是"享受人生，追求自由"。大概女孩子毕竟思想成熟一点吧，那时，她千方百计地使我认识到善用时光的重要性，令我渐渐懂得如何充实自己，玩耍的时间便由上夜校、读遥距课程、读书、留恋书店或图书馆所取代。

以前的我是一个以自我为中心的人，总以为地球绕着自己而转动。结婚以后，我有了家庭，从中认识两个人在家庭中的对等关系，推而广之，便对人与人之间的关系有了一个全新的概念，与人交往，每为他人设想，由帮助他人，从而获得快乐的内心感受。

她，没有严厉的言辞，没有埋怨，没有向我作出真正的教诲，她却在她的做人作风中，实实在在地感化了我。

甚至，这次来京学习，没有她的鼓励，也许今天我也不会坐在这里，参加这次考试呢。

我的爱人，谢谢你！

作文编号：199412104625100366

作文总叙起头，暗指妻子是影响自己最大的那个人，分叙中采用往事、本事交替的方式叙述妻子对自己的影响，最后以对妻子的感谢结尾。合叙型结构和倒叙型结构中都有往事，但两种结构中的往事有所不同。倒叙型中往事部分是全文的核心，而合叙型往事和本事交织，两者所占比重大致相当。

四　分叙型记叙文结构模式

分叙型表述的是同一事物的几个阶段或几个部分，几个并列的分叙部分共同构成一个完整的记叙文，且分叙的部分具有一定的独立性，每个分叙部分有可能是顺叙型或倒叙型，也可能是合叙型或分叙型。其结构模式如下：

分叙型模式
一、分叙（X 型）——（1）
二、分叙（X 型）——（2）
三、分叙（X 型）——（n）

其中的 X 代表四种模式的某一种，这是包含整体意义的"变数"。其中的 n 代表任意自然数，是跟（1）、（2）两个常数相对的变数，根据语篇的长短，它可以是零，也可以是很大的数。留学生记叙文分叙型结构主要体现为以下模式：

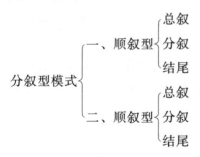

分叙型模式
一、顺叙型
　总叙
　分叙
　结尾
二、顺叙型
　总叙
　分叙
　结尾

该模式是由两个平行结构构成，分别是两个完整的顺叙型结构并列而成。例如：

记对我影响最大的一个人

读五年级那年，学校来了一位新老师，他就是后来担任五年级华文老师的罗哲海老师。

他的个子修长，鼻子上架着一副黑框眼镜。黝黑的皮肤还叫我们起初把他误当成马来同胞呢。

罗老师待人彬彬有礼，态度温文尔雅，上课的第一天就给全班同学留下了好印象。他对中华民族的历史有深入的研究，常常就这方面的知识给我们讲故事，有时他也给我们讲述中国少数民族的风俗人情，使我们的学习生活不至于枯燥无味。

五年级过后，罗老师继续担任我们六年级的华文老师。升上中学后，由于中学缺乏华文教员，罗老师应邀到中学执教。就这样，罗老师继续成为我的华文老师，直到我中学毕业为止。

罗老师常趁教学之便，灌输我们待人处世的道理。老师的言教与身教，对于正在成长中的我，有着莫大的影响。

罗海哲老师常以一句话勉励我们："逆水行舟回头难——勇往直前。"他做事认真，不屈不挠，也是我敬佩他的其中一个优点。

今天的我能在教育事业上小有成就，待人处世少有差错，都应归功于这位对我影响巨深的罗哲海老师。

作文编号 199500533519200092

该作文第一个结构部分总述五年级时来了罗老师，随后从罗老师外形特点和授课方式进行分述，以罗老师一直教授到中学毕业为结尾；第二个结构部分先总述罗老师除了教学以外还注重灌输学生待人处世的道理，随后用罗老师的勉励之言作了一个简单的分述，最后结尾用自己今天的小有成就应该归功于罗老师的教诲结尾。

五　混合型记叙文结构模式

从文章的实际情况来看，文章结构除了上述的单纯结构类型外，还有复合结构形式。严格意义上的复合型记叙文是指记叙文和其他类型共同组合而成的一种记叙文结构方式。但是，留学生的复合文形式由于作文字数有限，在有限的字数内很难实现两种或者两种以上结构类型的完全组合。因此我们将非单一形式的记叙文结构方式称为混合型，即与结构单纯的记叙文相对的，以记叙文结构方式为主，同时又采用了议论、描写或抒情等某种方式共同组合而成的混合型结构。混合的方式既有可能是联合混合，也有可能是主从混合。联合混合是两种结构体系平等联合的一种混合形式，主从混合是两种结构按照主从关系结合在一起的一种混合形式。留学生混合型记叙文是以记叙为主的主从混合型结构，其共性结构模式通常如下：

主从混合型 { 一、主要单位——记叙文（任意型）
二、次要单位——议论、说明、描写

具体说来，由于次要单位的差别以及与记叙之间混合方式的差别，留学生记叙文作文主要存在以下几种混合模式：

1. 模式 1

这种模式的次要混合单位是议论，但并不是完整的议论文结构，而是相当于通常所说的叙议结合的形式。

模式 1 {
一、总叙——（1）
二、分叙 {
叙——（2）
议——（3）
叙——（n）
议——（n）
}
三、结尾——（4）
}

这种模式总体结构是记叙文的框架，但在分叙部分采用夹叙夹议，记叙和议论交织在一起。例如：

记对我影响最大的一个人

在我这一生中，经历过许许多多的事，也遇见过不少的人，有小学时的老师、祖父母、中学时的老师、同学等。每一个与我接触过的人都给了我不同的影响，可是只有在我工作后，我工作处的顶头上司给我的影响最大。

你知道的，一样米养百种人，每个人的家庭背景、生活习惯，所受教育思想主宰了他大半的人生观，故此，在工作中有各种摩擦、冲突出现。我的上司朱先生让我明了了：一个人他只要肯尽力去做，他表现的工作效果是否如你所预计的，将是你无法埋怨或不满的，因此，我们在社会上与人相处时，应该是"严以待己，宽以待人"。每个人的工作能力不同，表现各异，所以你不能强求别人和你有一样的表现，要设身处地地从他人的角度着想，你当会理解他人的感受，而不会愤愤不平，怨天尤人了。朱先生的话让我从此改变了对他人的看法和要求，我学会如何宽容地看待别人的优、缺点，学会如何去体谅他人的处境。这一心境的放松与思想上的顿悟，使我一生获益匪浅。它让我从此不再那么斤斤计较，愤世嫉俗，现在的我，活泼开朗，常常在想施与受毕竟是不同的。因为在工作上常常有因同事缺勤而增加了我们的工作量，朱先生在劝慰大家的不满时就常常以这一句话："施"比"受"要让你更感受到生活的充实与满足，我们在别人有难有苦时给予及时的帮助，让他感觉快乐、安慰就是我们最大的满足了。

现在朱先生虽已年老退休了，但他平时给我的金玉良言却让我永记心中，我尊敬他、信服他，是他让一个心胸狭窄的青年变成一个活泼开朗，热爱生活，心胸宽大，懂得如何去珍惜一切，如何去更好地生活的时代青年了。

作文编号：199500533533200122

2. 模式2

这种模式是在开头的总叙和随后的分叙之后，加入议论，议论的加入为前面的叙述增加了的分量。

模式2
- 一、总叙——（1）
- 二、分叙
  - （2）
  - ……（n）
  - （3）
- 三、议论——（4）
- 四、结尾——（5）

例如：

记对我影响最大的一个人（原文遗漏了题目）

要记一个对我影响最大的人，我想除了我的慈母以外，我再也不能做第二人选了（再也没有第二人选了）。

我的母亲原籍海南，今年已经年过半百。她出生在一个封建思想根深蒂固的大家庭，除了一个还疼爱她的老奶奶，她的父母对她不加理睬。身为家中第二个女儿，她更无任何地位可言。在嫁为人妇之前，她的童年和青年时期，都是在努力工作和毫无半句怨言中度过。中学毕业以后，由于家境拮据，在（再）加上弟妹们的迅速成长，她只好停学，在一位亲戚家帮忙看店，在背井离乡的情况下，我的母亲也渐渐学习（会）了接受她的命运。

我的母亲在19岁时就嫁入了许家。当时，她的思想是古老的，那"嫁鸡随鸡"的观念深深地在她的心头增长。记得父亲每一次吼喊她时，她只是静静地饮泣，没有半点反抗。

母亲生下我时仅是26岁，虽然我是个女儿，她还是特别地爱我。自我懂事以来，她都苦口婆心地教导我自立、自爱的道理。当年父亲不爱顾家，就只有母亲紧咬牙根，身兼父职地教育我们四兄妹。她一向赏罚分明，从不重男轻女，在必要时对我们执行体罚。我相信在她漫长的婚姻生活里，总是有对父亲的失望和感伤，但她却技巧地、传统式地，把不满埋藏在心底，从不对她的子女哭诉或讨功。

在她这种长期忍受和默默耕耘的影响下，我在成长中了解了人生的奥秘。不是吗？我母亲虽然在我们眼里是个悲剧，但她却在她的工作岗位扮演着称责的角色。她不想大富大贵，只想在她的能力之内做一个好女儿、好妻子、好母亲。她在这些角色中都成功地满足了她周围的人。她毕竟是成功的。

在母亲的榜样之下，我渐渐地发觉有很多事情是最终面对自己的良知。我身为他人的女儿、妻子、妈妈，最终要求的也只能是成功地完成自己的职责，为家庭、国家、社会付出那一点的力量。

3. 模式 3

这种模式没有具体情节作为分叙来支撑总叙，而是以抒情代替叙述，其模式如下：

模式 3
- 一、总叙——（1）
- 二、抒情——（2）
- 三、结尾——（3）

例如：

对我影响最大的一个人

到现在对我影响最大的一个人就是我的男朋友。

我和他是在大学二年级的时候相识，到目前已经交（往）了两年多了。我们也是中文系里的同班同学。我们见面以前，那是我的彷徨的时期，因为我觉得大学生活没什么意义，学习上的压力也很大，我就感到孤独，空虚。

那样的时候，他的出现给我巨大的变化，他不但给我学习上的帮助，而且给我精神上的安慰。作为一位知心的朋友，作为一位真诚的同学，也作为一位热情的恋人，他给我付出了太多的帮助。

总是在我的跟前，也是永远共处的，世界上唯一的最了解我的人是我的男朋友，我真感谢给我这么大的影响，未来也要跟我同甘共苦的朋友。

作文编号：199412104523200107

这篇作文有开头的总述以及结尾的总结，但在原本通常用具体实例展现"男朋友"对"我"的影响的分叙部分采用了抒情的方式抒发"男朋友"对"我"的影响的心理感受。作文第二段的起始句看似是要开始用具体实例详细叙述，但介绍完和男友相识之时的"我"的生活状态和心理状态之后紧接着就用了抒情，具体事件的缺失使这样一篇写人的记叙文因为没有具体事件的展现而显得空洞、抽象。读者无法知晓男朋友对"我"在"学习上的帮助"和"精神上的安慰"。由此可见分叙在记叙文结构中的重要作用。

我们对留学生记叙文语篇结构的考察是基于 80 分、90 分两个高分段的同题记叙文。其原因在于，中低分段的作文与高分段作文相比，在作文字数、语法错误、作文表达（思维和语言）的通顺程度上以及作文结构的完整程度上都存在非常大的差异，由于以上因素的影响，中低分段记叙文结构的归纳和模式的提取具有很大的难度。而高分段的作文在语法错误较少且字数基本能够在 500 字左右的前提下，使作文结构具有了相对的完整性，从而容易实现对作文结构类型的分类和模式的提取。从总体上来看，尽管汉语母语记叙文语篇的结构类型在留学生记叙文语篇的结构建构中都有所体现，但是，各种类型的使用分布却是存在很大差异的。倒叙型、合叙型、分叙型以及复合型四种结构类型在总计 187 篇以"记对我影响最大的一个人"为题的 80 分、90 分作文中共有 33 篇，占 17.6%，而顺叙型记叙文共 154 篇，占 82.3%，也就是说，留学生在书写记叙文语篇时，较为集中地采用顺叙型的结构方式，这也许是人类叙述事件时在认知方式上的共性所带来的普遍规律。这种认知共性所带来的结果一方面体现为顺叙型记叙文结构是二语学习者最便于把握的文章结构，另一方面则体现出留学生记叙文语篇过于集中使用顺叙型结构从而使文章结构类型单一，千篇一律，缺少变化性和多样性。

第七章　留学生论说语篇的结构模式研究

第一节　留学生议论语篇的结构模式

议论文的结构决定于归纳、演绎的逻辑思维，因为任何论证的力量都来自反复申说的归纳或演绎。从留学生议论文的整体情况来看，议论文的结构存在四个类型：即归纳型、演绎型、演归型、混合型。

一　归 纳 型 议 论 文 结 构 模 式

就思维形式看，议论文中的归纳型是归纳法则居于主要地位的结构类型。归纳型的论证过程主要采用归纳推理的形式，归纳型的议论文不管是简单还是复杂，都可以分为论据和论点两大部分。所谓论据是分论中的材料，即论证的根据或理由；所谓论点是结论中的中心意思和观点。也就是说，归纳型的结构总是先摆出材料、讲出理由，而后作出结论、明确论点。因此，它的论证过程总是先分论后结论，从而形成如下模式：

$$
归纳型
\begin{cases}
一、分论 \begin{cases} ① \\ ② \\ \cdots n \end{cases} \\
二、结论 —— ③
\end{cases}
$$

这种结构类型之所以需要先分论后结论，是由于其中的"由分到总"是辩证逻辑的基本形式之一。其中的"n"是指任意自然数，它表明分论必须符合反复论证的要求，即反复论证最少是两部分，否则就不是论证，

而只是推理。之所以需要反复论证，就是由于必须用足够的论据，严密地证明论题或论点的正确性。例如：①

健康与饥饿的问题

如今，在农作物的生长过程中大多使用化肥和农药，那么，使用化肥和农药到底好不好呢？我们如果吃到这些农产品会不会对健康有害呢？

其实这些问题是简单的，但要解决这些问题就难了。我们使用化肥和农药的结果是产量的提高，但农作物会受到不同程度的污染，吃了对身体健康有害。可是如果不用化肥和农药，产量就会大大降低。想到世界上还有几亿人因缺少粮食而挨饿，就心情沉重。"绿色食品"带来的健康是明确表现在人们的生活当中（的）。那谁愿意吃有害健康的农作物呢？

我想无论是饥饿状态还是饱食状态，人都要吃到"绿色食品"。这理由是很简单（的），如果每天吃了用化肥和农药的农作物不会健康地活着，虽然在世界上有很多人还在饥饿，可他们也有维护自己健康的权利。因为他们也是人。我们都要吃到健康的食品才会有健康的精神和身体。

作文编号 2003071095232000086

作文前面两段分论"使用化肥和农药对农作物产量和人体健康的影响"，第三段明确自己的观点"无论是饥饿还是饱食，人都要吃绿色食品"，先分论后总论，最后提出自己的观点，并对观点作了进一步的论证。

二　演绎型议论文结构模式

演绎型是演绎法则居于主要地位的结构类型。作为一种论证形式，主要是遵循从"观点到材料"的逻辑法则，而且和归纳法处于矛盾统一的地

---

①　以下所引作文中会存在一些语法错误，有些影响理解的我们作了修改，不影响理解大概意思的将不作修改。后文将不再一一作出说明。

位。归纳型的基本间架是先分论后结论，演绎型的基本间架是先总论后分论。归纳型的中心论点在分论之后，演绎型的中心论点在分论之前。其模式如下：

绿色食品与饥饿

我认为应该把"不挨饿"放在首位。人要活着，首先必须得吃饭，这是众人皆知的大道理。当然，健康问题也是非常重要的。当全世界的人生活素质普遍提高，其社会环境也普遍改善之际，"绿色食品"成了热门的话题。但是，如今在全世界各个贫困地区成千上万的人由于饥饿丧失了宝贵性命，"绿色食品"到底为了谁呢？

当然，我并不是全面否定"绿色食品"，相反，我是大力支持"绿色食品"的，只不过希望"绿色食品"的开拓与发展建立在解决饥饿问题的基础上。也就是说，还未彻底摆平人类饥饿问题的如今，谈论"绿色食品"还为时尚早。人类应该把更多的注意力集中在解决饥饿问题上。

不过，"绿色食品"的发扬是必然要走的路，人类可以通过研发各种技术来解决"绿色食品"带来的产量减低的后果。除此以外，还可以通过减少食物浪费来改善饥饿问题。这样一来，"绿色食品"的世界将会早一日向我们到（走）来。

作文编号 200307109523100418

作文首先明确提出自己的观点"把不挨饿放在首位"，其次用"绿色食品的发展要建立在解决饥饿问题的基础上"和两个具体的对策作为分论进行反复论证。

演绎型模式先总论后分论，先亮出观点，然后围绕中心进行反复论证。从布局上看，这个总论也起了"立片言而居要，乃一篇之警策"的作用，既合乎逻辑也合乎认知心理，同时，演绎型议论文没有相应的结尾而有相应的开头，而归纳型议论文没有相应的开头而有相应的结尾。

三　演归型议论文结构模式

演归型是演绎型和归纳型相互结合的一种结构类型，演绎和归纳正如分析和综合一样必然是相互关联的，是两种逻辑证明相辅相成的具体表现。演归型的间架结构不仅有总论和分论看还有分论和结论。也就是说，演绎型和归纳型的基本构成只有两个部分，而演归型有三大部分，即"总论——分论——结论"。就总论和分论看是演绎型，就分论和结论看是归纳型，两种论证形式在一篇文章中兼而有之。其模式如下：

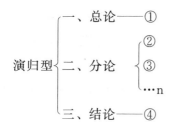

例如：

绿色食品与饥饿（原文遗漏题目）

我认为不挨饿与生产绿色食品都是不可放弃的问题。人具有由于自己生活水平的提高寻找更好物质的本能。因为人是自私的，而且生产者生产符合购物者的要求而生产物品是理所当然的经济原理。现在大部分的城市人寻找绿色食品，因为每个人都想要保护自己的健康。

现在非洲的很多人正在因为缺少粮食而挨饿，但却很多国家的人浪费粮食，这是很可惜的事情。

我认为为了解决这个问题，首先先进国的人们不要浪费自己的食物，通过节约粮食可以帮助挨饿的人。再次（其次），把先进国的所有的生产方法教给饥饿的人们。我认为在初步的教育时，应该教他们大量生产农作物的方法，通过这个办法来解决饥饿，然后把他们的生

活水平慢慢地提高才对。人类应该互相帮助，但为了满足别人的要求
而放弃自己的利益的话，也许一开始可以救助他们，但以后会导致技
术的限制，双方都没有好处。所以多余的人应该继续努力多生产绿色
食品，然后再把自己的技术传授给挨饿的人，我还认为饥饿的人光是
靠帮助而生存的话，毕竟是有限制的，所以应该通过学习大量生产农
作物的办法解决自己的饥饿。

　　我认为这样帮挨饿人的话，既不用放弃绿色食物而危害自己的
健康，也可以解决世界上存在着的饥饿现象，我认为这是最好的解
决办法。

作文编号 20030710952310043

　　这个模式兼有演绎型和归纳型的特点，因此成为议论文中比较理想的
类型。也就是说，由于有总论，所以可以开门见山地把观点摆出来，使人
一下子抓住中心重点；由于有结论，所以能突出肯定什么、否定什么，从
而加强论断的明确性、逻辑性和严密性。演归型结构也是留学生议论文中
使用率较高的结构模式之一。

四　混合型议论文结构模式

　　混合型议论文是留学生议论文中仅次于出现频率最高的演归型议论文
结构以外的一种结构类型，其中又以议论和说明混合的形式最为常见。

混合型模式 1 $\begin{cases} 一、说明——① \\ 二、议论（归纳型）——② \end{cases}$

　　这种模式是说明和议论的主从混合型，说明为辅，议论为主，并且议
论采用了先分后总的归纳型结构。例如：

绿色食品与饥饿

　　现在农作物的生产方式可以分为两种方法。一种是使用化肥和农
药而生产的，另一种就是不使用化肥和农药而生产的，而不用化肥和
农药而生产的农作物，就叫做"绿色食品"。

随着时代的发展，农业生产技术也跟上了脚步。但是农业技术的发展引起了使用农药和化肥的问题。如果使用化肥和农药，农作物会受到不同程度的污染，人吃了，就会有害于人的健康。人在长期内吃了不少受到化学污染的农作物的话，甚至会导致死亡。但是，就为了人体的健康而不用化肥和农药，农作物产量就会大大降低。

我觉得现在世界上很多人还因为缺少粮食而挨饿。各有长短，对于富有人来说，最重要的就是健康、工作、学习等，只有人体健康的情况下才能实践的。但是对缺少粮食的人来说呢，最重要的就是粮食，他们跟富有人正相反，只有有粮食的情况下才能活下去。

我们人类是平等的。吃饭不是富有人的专利，而应该是在世界上所有（人）的专利。只为了自己就只生产"绿色食品"，我觉得是不合理的。所以我还是认为，现在不是只考虑健康的时期，而是应该考虑每个人的生活。我们不应该再自私了。来日方长，有只考虑健康的时候。

作文编号 2003071095 23100424

作文首先用概念解释的方式说明了"绿色食品"的概念，其次用对比论证的方式论证了农作物使用农药、化肥与否对身体健康和农作物产量带来的影响，最后论证了健康和吃饱分别对富有的人和挨饿的人的重要性，在作文的最后明确提出了自己的观点——"现在不是只考虑健康的时期，而是应该考虑每个人的生活"，即很多人的生存比一部分人的健康更重要。从全文内容上来说，说明为辅，论证"就当前现状而言，生存比健康更重要"为主，论证采用了先分论后总论的归纳方式，因此该结构属于主从混合型的议论文结构。

混合型模式 2 {
　一、议论（演绎型）——①
　二、说明——②
　三、总结——③
}

这种模式依然是议论和说明的主从混合型，不同的是议论在前，说明在后，并且议论采用了先总后分的演绎型结构。例如：

绿色食品与饥饿

目前，人类面临的问题不少，饥饿的问题也是其中之一。有的人主张，为了提高农作物的产量，要用更多的化肥和农药。但是我坚决反对这种态度。

首先，多用化肥和农药的主张是目光短浅的想法。因为，化肥和农药会导致土质的恶化，这就意味着我们将失去那块土地。这样做下去，在地球上能种地的土地就没有几块了。这不是目光短浅的行为吗？

其次，用化肥和农药的农作物害于人体，甚至导致致命的病。所以我反对多用农药和化肥的主张。

但是，我们还有饥饿的问题，这也是不能忽视的。那么我们怎么解决这个问题呢？

现在的科学非常发达，我们一起努力开发新的农作物品种，即，通过品种的开发生产更多的农作物。这样一定有利于解决饥饿的问题。

虽然我们要解决饥饿的问题，但是为了人类的未来，我们还坚持生产绿色食品。这就是对绿色食品和饥饿的我的看法。

作文编号 2003071095232004447

作文在总论中首先提出了自己的观点，随后用两个分论作为论据论证自己的观点，该部分为演绎型议论结构，是作文的核心部分。其次用说明的方式提出解决饥饿问题的对策，最后再次重申自己的观点。

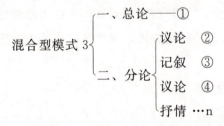

这种模式在总体结构上相当于演绎型议论文，但是在分论部分混合了议论以外的其他方式。例如：

绿色食品与饥饿（原文遗漏题目）

绿色食品和不挨饿，我认为不挨饿是最重要的。

这世界上有几亿人因为穷，所以吃不到东西。我们人类"吃"起很大作用，不吃的话会饿，饿了就没有力气工作了。我们是靠食物运动，没有它就动也不想动了。有一天（次），我为了减肥，饿过三天，饿得快要疯掉了，别说绿色食品了，连草也想吃掉。这时我懂了不挨饿是多么幸福的事情！同时也感到了挨饿的人有多么可怜。

我是十七岁，也就是吃了十七年的饭，但我从来没吃过什么绿色食品，也从来没怎么病过…绿色食品是高级食品，我觉得它不会大大地影响人们的健康。现在的人们特别重视绿色食品，想得特别多，只是为了自己的健康。那么多事为饥饿的人民想着的话那该多好啊！那么多饥饿的人也肯定不要什么绿色食品，他们需要我们的一份爱心！

我们要为他们着想，不要买贵的绿色食品，省一点钱来帮助他们，这样他们会有力气劳动，我们的一份爱心会让世界变得更发展！更美丽！

作文编号 200307109523100222

该作文由于语言语法水平的限制，表达的顺畅性较弱，但依然可以把握作文的总体结构。总论明确提出自己的观点，分论部分议论、记叙、抒情交杂。这种模式虽然在议论文中数量不多，但也并非孤例。

第二节　留学生说明语篇的结构模式

说明文的结构主要是决定于分析综合的思维形式，说明文的结构体系，就是分析综合的体系。留学生说明文的结构类型共有四种：即分析型、综合型、分合型、分说型。

一　分析型说明文结构模式

要说明问题，就要分析事物的条理、主次。分析的基本规律就是把整体和全局分解为一定的部类、属性与本质之类，这正像把一部机器拆卸为零件和部件一样。因此，对于整体和全局的说明叫总说，这是在人们的思维中经过综合的成果；对于部分和局部的说明叫分说，这是人们在思维过程中经过分析的成果。这里所说的总说和分说，就是分析型的基本间架。这种由总说到分说的逻辑关系是分析居于主要地位，所以这种说明文的结构属于分析型。分析型说明文的合理模式是先总说，后分说，但是分说至少分为两部分，其结构模式如下：

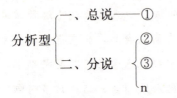

上述模式中的"n"是任意自然数，它表示客观事物的无限可分性和一定的主观性、随意性。从这个模式中可以看出，分析型的说明文都有一个相当于"开头"的部分，即"总说"，但是没有相应的"结尾"。分析型之所以需要总说和分说两大部分，是由于它适用于下述场合，即首先需要确定全局、整体，点明主题，然后条分缕析，逐层进行说明，这是人们的认识过程从抽象到具体的必然规律。例如：

如何解决"代沟"问题

我的很多朋友常常感叹，他们与上一代之间的沟通与交流非常困难，而长者却抱怨说，如今的晚辈不听话，难以管教。这种情况为什么会出现呢？就是因为两代人之间存在着"代沟"。所谓"代沟"就是指，两代人（父母与子女）之间在行为方式、生活态度以及价值观念方面存在的差异。"代沟"给现代家庭带来很多困扰，必须合理解决。那么，如何才能解决"代沟"问题？我认为可以从以下几个方面来解决。

首先，两代人之间应该相互了解，互相尊重。由于两代人生活的时间、环境、阅历不同，从而行为方式、生活态度以及价值观念难免存在差异，在这种情况下，后辈的应当尊重长辈的生活习惯和生活方式，而不能指责他们"老古董"、"不开窍"，孝顺父母是中华民族的传统美德，做子女的不应该忤逆父母。而当长辈的也不能"倚老卖老"，也要尊重年轻人的观点，在和睦的气氛中求同存异。

其次，双方力求找出他们的分歧点，求同存异。如老一辈的人可能主张节俭朴素，而后辈可能主张适当消费，在这种情况下，双方应当求同存异，消费时应节俭，找到双方都能接受的方式解决，而不能固执地认为自己的观点就是"真理"。那样只会使"代沟"加深，使本已难解决的问题更难解决。

最后，就是实行"小家庭制"。在双方都无法接受对方生活方式、行为习惯时，后辈成家后可另立家庭，与长辈分居，以避免冲突。赡养父母是每个子女的义务，即使分家后，后辈的也应时时照顾父母。

作文编号 199610512501150007

这是一篇非常漂亮的分析型说明文，首先总说"代沟"的表现并解释"代沟"概念，随后从三个方面分说解决"代沟"的具体方法，条分缕析，层次分明。

二 综合型说明文结构模式

综合是和分析相对的，而且以分析为前提。没有分析也就没有综合，这在思维过程中是必然的。因此，当客观上需要说明某种事物或事理的时候，首先就必须分析，抓住本质的东西，然后才能进行综合或总结。它的基本规律是由局部或部分综合为全局或整体，正如由若干部件、零件装配成机器一样。因此，对于部分或局部的说明，叫分说；对于全局或整体的说明，叫总结。分说和总结两大部分，就是综合型的基本间架。这种由分说到总结，即由分析到综合的逻辑形式显然是综合居于主要地位，所以这种结构类型属于综合型。其结构模式如下：

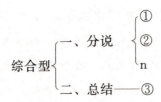

从模式中可以看出，综合型的说明文都有一个相当于"结尾"的部分，即其中的"总结"，但是没有相应的"开头"。之所以如此，是由于共性寓于个性之中，没有个性就没有共性。因此，综合型之所以要先分说后总结，就是由于综合必须以分析为基础的缘故。例如：

如何解决代沟问题

以往，父母有莫大的权威，做父母的只要一句话，做子女的必得奉如圣旨，似乎不这样就是大逆不孝。于是，求学，婚配等终身大事都由父母一手代办，子女们为了博得父母的欢颜，毫无怨言。

今日，为人父母的却常感叹晚辈难以管教，为此怨声载道，一心的寄望全叫子女的不孝而泡汤。严重些的因为不满父母的管教而离家出走的，比比皆是。

望子成龙、望女成凤是父母对子女的一片诚祈，有些人却忘了，子女虽有隔层肚皮的情，却不是自己身上的一部分，不能随意支使。更何况，很多父母由于当年自己的愿望落空，转而想由子女来填补，以满足自己的虚荣心。

常言说得好，儿孙自有儿孙福，身为父母的，大可不必操心过度，满心期望孩子们成功，一旦孩子失败的时节，父母的鼓励才是他们最切实的需要。

如果能把期望换成交流与沟通，换取晚辈的信赖，岂不是可以化解彼此之间的代沟问题了吗？把指责化作鼓励，以儿女的意愿为主……

作文编号 199610512512250002

这篇作文没有写完，尽管不完整但依然能够较为清晰地看出全文的结构，作文从四个角度分说父母和孩子之间的关系——以往父母对孩子的绝对权威，如今孩子的难以管教，父母对孩子过分的期许，以及父母应该用更多的鼓励代替对孩子的一味期盼，在上述分析的基础上最后作为总结提出"把期望换成交流与沟通，换取晚辈的信赖"，就可以化解彼此之间的代沟问题。从分析到总结形成了综合型说明结构。

三　分合型说明文结构模式

分合型是分析型和综合型的复合形式，这个类型兼有前述两个类型的特点，而且有一个共同的分说部分，从而形成三大部分的基本间架，即总说、分说、总结，这种先总说、再分说、后总结的说明文，从思维形式上看，就是分析与综合相互结合的反映，也是说明文中所占比重最大的一种结构类型。其结构模式如下：

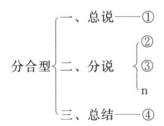

分合型的说明文都兼有分析型和综合型的全部特点，既有相当于"开头"的部分，又有相当于"结尾"的部分，这种头尾俱全的结构模式是分合型的主要特点，因此这种模式有较广的适用范围。在总说中提纲挈领；在总结中回顾全文，进行抽象概括；在分说中条分缕析，逐层深入。也就是说，分合型的结构模式是客观辩证法的全面结合的反映。例如：

如何解决"代沟"问题（原文遗漏题目）

在二十世纪的今天，社会一步步地向前进，思想观念等在当今的青少年中也正慢慢地变化，也由于变化，而慢慢现出两代人的间隔问题。

我们都很清楚，我们的品性、道德观、生活习惯等种种的形成与定型，都和我们的生活环境有重大牵连的。如今，社会变了，生活水平提高了，青少年也会由于他们周围的环境而形成与父母不同的品性，这些，都是理所当然的变化。在以前，父母们的思想由于受传统的影响比较深，所以他们的言行举止都会有点保守和固执。相对的，年轻人由于受新文化的濡染，而变得开放、活泼、热情，和父母们处于完全相反的境地，所以我认为父母们也应随着潮流一步步向前，不要固步自封，给自己和孩子之间形成阻隔，对的新文化和新知识父母也应该接受，和进一步地和孩子接触、了解，总会收到事半功倍的效果的。当然，青少年也不能忽略父母们的感受，由于他们对父母们的不了解，从而造成代沟的局面。所以青少年也应和父母们多谈谈，多接触，因为父母们的希望在我们身上，他们当然是希望我们能学好，但由于手法（方法）的错误造成父母和孩子之间的纠纷常有之，而解决手法（方法）应该是平心静气地一起坐下来解决，说说彼此的想法和决策，这样总是会减少纠纷与增进了解的。

在种种的现象里，我想，父母的思想应随潮流而进是很重要（的），但更重要的是增加父母和子女之间的共同话题，多谈天，谈意见，谈对社会的看法……总之，多谈，多接触是解决两代代沟的关键。

作文编号 199610512501150011

文章开头总说"社会变化带来观念的改变是产生代沟的根本原因"。分说尽管集中在一个段落之中但实际上是包含了两个层次的，其一是社会变化的情况下，父母和子女在思想上产生了不同的变化；其二是为了消除代沟，父母和子女们各自应该怎么做。最后总结"多沟通、多接触是解决代沟的关键"。全文形成了从总说到分说再到总结的说明过程。

四 分说型说明文结构模式

分说型是分项说明的特殊形式，它的客观依据和前述各种结构类型中的分说一样，都是客观事物无限可分的反映。虽然文章本身只有两个或几个并列的分说，似乎并没有什么分析关系，但是事实上这种分说都是直接对题目进行分析的表现，因此这种结构类型仍然是分析的逻辑关系起了决定性的作用。

这种结构类型的分析关系虽然比较简单，但是每个分项内部的结构却比较复杂，因为它可以属于各种不同的类型，既可能是分析型或综合型，也可能是分合型或分说型。这种复杂现象主要决定于文章的内容，即决定于每个分说内部的逻辑关系。其结构模式如下：

$$分说型\begin{cases} 一、分说（X型）——① \\ 二、分说（X型）——② \\ 三、……（X型）——n \end{cases}$$

从上述模式中可以看出，分说型的说明文都是由几个部分组成的，但是最少要有两部分，正是由于这种结构类型是由两个以上的分说构成的，所以它既没有相应的开头，也没有相应的结尾。例如：

如何解决"代沟"问题

"代沟"的意思是父母和子女两代人之间的思想观念、生活态度等方面存在的差异。随着社会、经济的发展，人们的思想也渐渐改变。一般的父母常常说："现在的晚辈，特别是孩子们不听话，特别难管教，真不像话！"孩子们也常常诉苦，"父母根本不理解我们的想法，动不动就骂我们，这样是不合理的，父母为什么不想了解我们呢？"

我认为引起代沟的最大的原因就是他们之间对话不足，还有，另外一个方面就是他们成长的条件不一样的缘故。父母们长大的时候，生活条件非常的不好，他们的父母们管教非常严厉，而且他们把自己没实现的愿望寄托在孩子的身上，他们都希望自己的孩子是社会上能站得住脚的人。而孩子们不愿意父母对自己的严厉的管教，他们都要享受更多的"自由"。

那么怎样解决这样的代沟呢？他们要多多对话，以便互相更理解对方的立场以及观点和想法。每天一起说话，讨论问题的话，自然而然理解对方的想法。父母应该让孩子们理解他们为什么让孩子们做这样或者那样，孩子们也应该心中有数，能说就说。

经过这样的过程以后，他们就会理解对方的观点，理解以后，他们之间的问题肯定越来越少。

作文编号 199610550523190006

这篇作文是由分析型和综合型两个分说结构构成的，第一部分先总说代沟的表现，然后分析了产生代沟的原因；第二部分先提出解决代沟的办法，然后总结出双方相互理解之后就会消除代沟。最后一段的总结并不是对全文的总结，而是针对上一段作者提出的解决代沟的方法的总结，因此两个部分构成平行的两个分说结构。

以上简单描述了留学生书写的议论文和说明文中存在的结构模式，人们不禁产生疑问，议论文的结构单位跟说明文很相像。相像之处在于说明文和议论文的基本结构单位之间都有总分关系，说明文中有总说、分说、总结；议论文中有总论、分论、结论，两者显然都离不开总分关系即分析综合关系。而分析与综合是人类逻辑思维形式的基本表现形式，作为人类自身，当我们表达的时候，有时确实很难判断到底是在议论还是在说明。议论文和说明文在结构上的相似性也正是到目前为止议论文、说明文也通常表述为论说文的原因之一。

尽管结构非常相似，但我们依然应该承认，议论文和说明文还是存在差异的。不同之处首先在于议论文的基本结构单位之间，即论点与论据之间具有明显的因果关系，而说明文的基本结构单位之间则具有明显的解说阐释关系。以我们前文所举的作文为例，"绿色食品与饥饿"，如果论点是"解决饥饿是首要问题"，那么论据通常是"因为对于人类生存来说，首先是解决饥饿其次才是改善健康"。对于"如何解决代沟问题"，如果总说是"通常可以采用相互沟通、相互理解等方式"，那么分说通常是"相互沟通又可以采用以下具体方法……"其次，尽管结构相似，议论文和说明文还是具有不同的表达功能的，"议论文是为了辨明是非，使人有所信；说明文是为了说明事理，使人有所知"，这个总结尽管还是较为抽象但也确实在一定程度上归纳出了议论文和说明文各自主要的语篇功能。

第八章　语篇表达与语篇话题系统

从语言使用的角度来看，语言是用来满足沟通需要的。很多情况下，单凭一个句子往往不能完全表达所要表达的意思，这时就要用一组句子去组成语篇。从满足个别情景中的沟通需要看，语篇才是一个完整的自然单位。这里要注意的是"语篇"虽然往往由"一组句子"组成，但"语篇"与"一组句子"两者在概念上却并不相同。例如：

> 对我影响最大的一个人就是我妈妈。什么人的妈妈都对自己的孩子一样，照顾我们兄弟。加上我的家庭环境不算特别好，因为我爸爸不挣钱就做自己的事情。我还不了解爸爸的想法到底是什么？在这样情况下我妈妈仍然不让我们知道这个事情。上高中学校的时候我才知道。

作文编号 1994121045523100114

这是 HSK 语料库中的一篇作文的开头，除了第二句存在语法问题，其余句子都符合语法规则。但即使排除有语法问题的这个句子，其余都符合语法规律的句子组合起来也令人产生一种"怪怪的"的感觉，这是句法规则所不能解释的。由此可以看到，合格的语篇除了句法合法性之外，还要具有语义的相关性和连贯性。

语篇连贯这一概念早已为大家熟知，人们所言所写要想被人理解认可就必须保持连贯，因而连贯常被视作衡量语篇优劣的标准之一。在写作过程中，人们总是从自身角度去保持语篇连贯，然而怎样才能衡量一个语篇是否连贯呢？作为语篇范畴内最基本的概念，连贯已经被众多的研究者从不同的角度进行了研究并形成了各自有代表性的理论体系。其中较具代表性的理论包括：Halliday & Hasan 的衔接理论；Van Dijk 的宏观结构理论；Widdowson 的言外行为理论；Mann and Thompson 的修辞结构理论等。从整体看，上述理论模式都涉及与连贯相关的语篇某一特定方面，但又都忽视了和连贯相关的语篇的意义结构因素。芬兰语言学家 Lautamatti 在布拉格学派相关理论的基础提出了话题结构分析法，它通过分析语篇中话题的重复、转移和再现来考察句子话题和语篇主题之间的语义联系，通过考察句子话题和整个语篇主题之间的语义关系，判断一个语篇是否连贯。话题结构分析法在解释语篇连贯方面显示出了自身的优势，为研究语篇的组织结构模式提供了新的见解和方法。由此，我们首先对语篇的话题相关概念作一回顾。

第一节　主语、主题及话题链

一　主语与主题

主题有的学者也称为话题，[①] 主题和主语的争论问题实质上就是对动词前面名词短语语法地位的认同问题。长期以来，汉语语法界对此大致有三种不同的观点。第一种是以吕叔湘为代表的唯主语观。该派认为动词前面的名词短语是主语，汉语中没有主题。第二种是唯主题观，持这种观点的人认为汉语中只有主题，而没有主语。第三种则是大多数人的看法，认为汉语中主题和主语兼有，两者都是非常重要的、不可缺少的语法概念（陈存军，1999）。

之所以出现这种状况，其原因是多方面的。其一，主题和主语的确在形式上具有很大的相似性，难以简单区分。如一般认为，主题总

---

① 有学者用话题和主题分别指称句子和大于句子的段落、语篇中的核心意义成分，我们认为从句子到段落、语篇是层级拓展的语言单位，而话题和主题作为意义成分在句子和段落、语篇中不是对立的两组概念，因此为了便于表述，在本书中对话题与主题、话题链与主题链不作区分。

是出现在句首，可是主语也常常出现在该位置上；主题是有定的，但是主语常常也是如此；主题通常是句子的陈述对象，但传统语法认为主语也是这样，如此等等。这些相似性容易引起多样性的分析，甚至导致混乱。

其二，传统语法对主语和主题定义的紊乱，则是导致二者混淆的直接原因。这一点突出表现在对汉语主语的定义上。吕叔湘先生在《汉语语法分析问题》一书里，用一个比喻来说明主语二重性时指出："主语只是动词的几个宾语之中提出来放在主题位置上的一个……"也就是说主语就是主题位置上的词语。但是，实际上处于主题位置上的词语并不一定就是主语，而主语也并非一定要出现在主题位置上。下面转引李临定（1985）文中的几个主语的定义：

a. 主语是被陈述的，谓语则对主语加以陈述。

b. 主语是说话人述说的对象，是一句话的主题（即说话人的"话题"）。

c. 主语是一句话的话题，是谓语的表述对象。

d. 主谓词组也由两部分组成，前一部分是陈述的对象，或者说是"话题"，叫主语。

e. 在汉语里，把主语、谓语当作主题和说明，比较合适。

以上几条主语定义中，几乎每条都涉及话题和主语，有的甚至把二者直接等同起来，不加任何区别（如 b - e）。可以说，这里主语的定义实际上就是主题的概念。这不能不说是认识上的混乱。

其三，许多人把注意力仅仅停留在表面现象上，但主题和主语的表层相似性常常会掩盖深层的不同本质。

对于辨别主语和主题，Li&Thompson（李谷城摘译，1984）列出了主题的特征和分布：

a. 有定和无定。主题的主要特征之一是所指的事物必须是有定的，主语则不必是有定的。

b. 选择关系。主题的一个重要特性是，它同句中的任何动词无须有选择关系，就是说，主题不必是谓语成分的论元（arugment）。例如：（1）句中划底线的成分为主题：

（1）<u>那场火</u>幸亏消防队来得快。

这个句子中的主题同动词没有什么选择关系。但是，主语总是同句中的某个谓语有选择关系。

c. 动词决定"主语"而不决定"主题"。例如，英语中如果动词同施事和其他名词短语一起出现，施事就成为主语，除非使用诸如被动式那样的"特殊"结构。如果动词是不及物的，那么根据是状态动词还是动作动词，分别由受事或施动者充当主语。如果是使役动词，则由使役者充当主语。但是，主题就不是由动词决定的，主题的选择不取决于动词。话语（disocurse）对主题的选择可能起作用，但在话语的制约范围内，说话者仍有相当大的自由来选择充当主题的名词短语，而不用考虑动词的性质。

d. 功能。在任何句子中，主题的功能始终如一。主题是"注意的中心"，它预告话语的话题。这就是为什么主题必须是有定的原因。主题的功能在于确立容纳谓语表述的框架，这就使得主题不可能是不确定的。

e. 与动词的一致关系。大家知道，许多语言中的动词同句子的主语表现出强制性的一致关系。然而，主题与谓语之间的一致关系则极为罕见，其理由相当清楚：跟主语和动词间的相互联系相比，主题和述题间的联系要松散得多。

f. 句首位置。主题总是居句首位置，而主语并不限定于句首位置。这可以从话语的结构方式中找到原因。由于言语要把信息按顺序连续传递，这就不难理解代表话语话题的主题应该最先说出。主语概念更多地着眼于句子范围，因此在话语的传递顺序中不必优先传递。

g. 语法过程。主语在诸如反身代词化、被动化、相同名词短语删除、动词系列化和命令句化等过程中起着重要作用。主题不介入这些过程，部分原因正如前面所述，主题在句法上不依附于句子的其余部分。

根据以上主语与主题的特征差异，语言有四种基本类型：1. 注重主语的语言；2. 注重主题的语言；3. 主语和主题都注重的语言；4. 主语和主题都不注重的语言。汉语属于典型的注重主题的语言类型。

朱德熙（1982）曾指出，话题是从表达上来说的，"说话的人有选择主语的自由。……说话的人选来作主语的是他最感兴趣的话题，谓语则是对于选定了的话题的陈述。通常说主语是话题，就是从表达的角度说的，至于说主语是施事、受事、与事，那是从语义的角度说的，二者也不能混同"。陆俭明（1986）则明确指出主语和话题是两个不同层面上的概念，"主语是从词与词之间的语法结构关系的角度说的，它是句法学里的概念；话题则是从表达的角度说的，它是语用学里的概念，二者不能画等号。"陆俭明还特别强调即使在句子的平面上，话题与主语也有不同："汉语里的主语不一定是话题。反之，汉语里可以看作话题的也不一定非得是主语。"

概括起来，主题是一个语用概念，是语法分析中语用层面上的一种功能代称，而主语则是句法层面上一种句法关系的代名词。两者有着本质的区别，两者的判断标准也各不相同。

语法分析有层次性，要解决主题和主语问题，必须着眼于它所在的不同分析层面。但这并不完全排斥它们的结合。相反，为了全面了解一个语言现象，我们也可以把它们结合起来综合考察，但这种结合必须是有机的，而不是随意的。

二　话题与话题链

Hockett 在 1958 年最早提出了话题和说明这对概念。话题是表达指称意义的结构形式，围绕"话题"表达陈述性意义、对话题进行说明的结构形式是"说明小句"，简称"说明"。而最早对话题特征进行研究并加以界定的是 Li & Thompson，他们还提出了上文对主语和主题（话题）的区分特征。最早提出话题链概念的学者是 Dixon（1972），他指出多个说明小句组合成说明小句序列，一个话题可以在其后带领一个说明小句，构成话题—说明小句，也可以带一个说明小句序列构成话题链。曹逢甫（Tsao，1977）为了解决汉语句子界限模糊的问题，引入了话题链的概念，曹逢甫（1995）曾指出，Li & Thompson（1979）界定汉语话题链时，忽视了话题往往可以将其语义范围扩展到数个句子，这些句子就构成话题链。(王建国，2012) 这样，话题链由一个或数个小句组成且以一个出现在句首的共同话题贯穿其间的一段话，实际上是汉语的语篇单位。

自曹逢甫研究话题链以来，至今已经取得了不少成果和诸多进展。曹逢甫 (1995、2005) 根据话题链结构曾对汉语句法进行过较为系统的研究，并对许多语法现象予以解释；石定栩 (1992) 将话题链视为最大的句法单位；屈承熹 (1996) 把话题链当成一种衔接方式等。

然而，在对话题链进行深入探讨的同时，对"话题链的定义及界限"这个基本问题至今却没有取得统一的认识。

目前，关于话题链的定义大体可分为两类，第一类以曹逢甫 (1995) 的定义为基础，持这一定义的学者有曹逢甫和石定栩 (2000)，不过只有曹逢甫承认单个小句构成的句子可以构成话题链；第二类以 Li & Thompson 为基础，认为话题链是由多个小句组成且共享一个显性话题的语段，话题在一个小句中显性出现，其他小句中隐性出现，持这一定义的学者有屈承熹 (1998) 和李文丹 (2006)。

这两种定义的最大的共性在于，承认话题链兼有句法和篇章属性。最大的差异在于，曹逢甫所认定的话题链不仅链首小句的话题位置可以出现显性话题，其他小句的话题位置也可以出现显性的同指代名词形式。而以 Li & Thompson 的定义所认定的话题链中只允许出现一个显性话题。换言之，根据第一类话题链的定义，一个话题链的结束要等到出现以另一个同指或异指名词短语为话题的小句出现；而根据第二类话题链定义，一个话题链的结束只要等到以名词短语或代名词为话题的小句出现，不管该名词短语或代名词是否与前一个话题链的话题同指。

与上面两派观点相比，彭宣维 (2005) 对话题链的研究角度有所不同。彭文在以英语为语料研究话题系统时，对话题链的外延进行了进一步的扩大。彭文认为，话题所能起的衔接作用不仅跨越小句，而且跨越句子，形成复句、句群、段落、节和章等，这样具体篇章中的句子话题与篇章话题就联系起来，从而构建了话题链系统。

彭宣维 (2005) 认为，话题 (彭文中称为主题、主题链) 指一个信息片段的基本谈论对象，具有以下特征：1. 主题是一个以概念意义为基础的信息概念。2. 主题是一个"关涉性"的语义存在体。3. 主题所体现的是说话人以听话人可能的既有知识为前提而确立的一个"注意/兴趣中心"。4. 有别的信息片段，如词、词组、短语等对它作详述、增强或扩展等方面的语义阐释。5. 阐释部分为相应的述题，主题和述题一起构成一则完整的信息片段。6. 主题是一个由具体成分体现的语义存在体，而不是由话段或篇章内容推导或概括出来的一个别的什么成分，如预设。7. 其形式成分可能是名词组和代词等，在音系上表征为"非重音化"特征。

　　话题并不仅仅限于句子范围，当不同句子之间的话题成分形成了话题发展的衔接关系时，这种跨越句子的现象，便成为话题链。一旦出现话题链，相关语言单位就迈出了小句的范围，或者是处于小句和语篇之间的过渡单位"复句"，或者进入典型的语篇范围，如句群、段落、节、章等。因此，语篇话题链系统指语篇内、小句以上语言单位中不同话题链之间的潜在网络关系。当语篇内某些句子的话题在后面的语篇中得到进一步评述，那么就会形成重复性话题链系统；当有些句子的基本话题之间虽然没有这种具有重复意义的延伸关系，但语境和特定语义关系可以赋予它们发生具有话题链性质的发展模式，那么就会由此形成具有多重语义关系的话题链系统（非重复性话题链系统）。两类话题链子系统构成整个语篇的话题链系统，因此语篇话题链既有序列性也有等级层次性。

第二节　语篇的话题系统

一　王建国构拟的语篇话题系统

　　王建国（2009）的汉语语篇话题系统是建立在话题链系统上的。他把话题链定义为：由同一话题引导的系列小句。他指出，话题链的话题所呈现的形式可以是名词短语、代名词、零形式、形容词短语、副词短语、谓词短语、介宾结构或小句，可以是有定或无定的，但必须是有所指；话题的辖域可以覆盖一个或多个句子，甚至整个段落或篇章。

语篇的话题链系统由句子话题链、超句话题链和篇章话题链构成。只要话题延续的范围是一个句子，即只要共享话题的多个小句是以句号、问号或感叹号结束，即构成句子话题链。例如：

（1）祥子$_i$低下头去，ϕ_i不敢再看马路的左右。（《骆驼祥子》）

前后两个小句共享一个话题"祥子"，构成一个句子话题链。

话题延续范围是一个超句或整个篇章，则分别构成超句话题链或篇章话题链。如：例（2）各句讲的都是"那年秋天"的事，因而就是以"那年秋天"为话题的超句话题链。

（2）那年秋天$_i$，我和我的先生从青岛调往厦门市特区工作。ϕ_i因宿舍楼房正在施建，我们这批从全国各地引进来的科技人员，便被公司暂时安置在石头村的民房里过渡。（《阿咪》）

超句话题链中可以具有多个层次，如例（3）中的"从第二天起"就引导了由"每天下班"引导的一个次超句话题链：

（3）从第二天起$_i$，我便在公司的食堂饭桌上，收拾起鱼肉骨头；ϕ_i同事们笑我多管闲事。ϕ_i【每天下班我的手里都拎着一大袋东西，悄悄地溜进阿咪的住处，ϕ_i阿咪见了我摇摆着尾巴特别地亲热。】（《阿咪》）

篇章话题链是以篇章标题为话题引导的话题链，该话题链覆盖整个篇章。如例（4）就是以篇章标题"关于工商业政策"为话题的篇章话题链，其中包括几个超句话题链。篇章话题链往往就是最大的超句话题链。例如：

（4）关于工商业政策$_i$

（一九四八年二月二十七日）

这$_i$是毛泽东为中共中央起草的对党内的指示。

（a）一、ϕ_i某些地方的党组织$_{jj}$违反党中央的工商业政策……

（b）二、ϕ_i在领导方针上$_{ik}$……

（c）三、ϕ_i在领导方法上$_{im}$……

（《毛泽东选集》第四卷）

除了上述基本话题链以外，话题链系统中还包括辅助成分。王建国（2009）指出，话题链的辅助成分是指那些与话题链中的语句不共享话题的语句。这些一般位于话题链的前面、中间和结尾处。前面的称之为话题链的前引成分，如例（5）的【】部分；中间的称为中间插入成分，如例（6）的【】部分；结尾处的称为后补成分，如例（7）的【】部分。它们在话题链中起着辅助和补充说明话题链主题内容的作用，与话题链中共享话题的语句构成一个句子或超句。例（5）、（6）、（7）转引自王建国（2009）。

（5）【墙上$_i$挂着一幅画$_j$】，ϕ_j是张大千的，ϕ_j很值钱。

（6）那个厨师$_i$，【我$_j$吃过他$_i$做的菜】，ϕ_i真有本事，ϕ_i把普通的东西做得非常好吃。

（7）（a）二强子$_i$四十多了，（b）ϕ_i不打算再去拉车。（c）于是ϕ_i买了副筐子，（d）ϕ_i弄了个杂货挑子$_j$，（e）【ϕ_j瓜果李桃，（f）ϕ_j花生烟卷，（g）ϕ_j货很齐全】。

由于篇章包括句子、超句，且所有的辅助成分往往都被包括在各个句子或超句之中，因而，篇章上往往就不必再讨论辅助成分了。由此，语篇话题系统可由句子话题链、超句话题链和篇章话题链构成。如图：

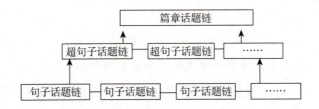

王建国构拟的话题链系统基于汉语语篇，体系简洁、清晰，但遗憾的是该系统只是体现了语篇主题模式，却没有作具体的分类和系统描写。

二 彭宣维构拟的语篇话题系统

彭宣维（2005）的话题链系统基于英语语篇研究，将话题链的外延扩大，指特定语境下两个有相互关系的主题之间所形成的信息发展方式（彭文采用的是"主题"和"主题链"两个术语）。彭文详细探讨了句子的基本主题系统是如何跨越句子范围得到延伸、详述或者增强，从而形成语篇主题链系统的。当语篇内某些句子的话题在后面的语篇中得到进一步评述，那么就会形成重复性/同质性主题链系统；有些句子的基本话题之间虽然没有这种具有重复意义的延伸关系，但语境和特定语义关系可以赋予它们发生具有话题链性质的发展模式，那么就会由此形成具有多重语义关系的主题链系统，也称非重复性/相关性主题链系统。这两类主题链均可能是连续型和断续型的，并构成整个语篇的主题链系统。

所谓重复性/同质性主题链，指一个语段甚至整个语篇内一组谈论对象之间，具有相同或相近的经验所指对象。重复方式可分为三种：代词化（某一话题成分使用代词）、省略（某一话题成分为零形式）和复现（话题成分形式完全相同）。这三种重复方式概括为简单重复链；与简单重复链相对的是复杂重复链，即在借代与被借代（如北京与中国政府）、上位与下位（如大象与动物）、集合与个体（如组织与协会）以及角色关系（医生的女儿与玛丽）之间相互替代的发展方式。[①]

非重复类/相关性主题链子系统可以分为直接和间接两个大类。直接

---

① 彭宣维：《语篇主题链系统》，《外语研究》2005 年第 4 期。文中有详细的例句用以解释说明各类相关概念，限于篇幅本书不再转引相关例句。

类包括整体——部分（身体与手）、集合——个体（我们与会员）和上位——下位（动物与狗）三个典型次类；间接类包括属有（我与我的电脑）和添加（她与天空）两个次类。添加关系是语境赋予的：两个没有任何语义关系的主题，在特定语境下以话题链的方式来展开和推进话语。上述五种主题链形式既可以出现在句子话题链层面，也可以出现在语篇话题链层面。在语篇层面，直接类的整体——部分主题链模式在论述性和辩论性语篇中使用突出；直接类的集合——个体主题链模式通常出现在描述性语篇内，尤其是那些介绍规则和条款的语篇。也可能出现在论说和辩论性语篇的局部范围内，但在典型的叙事性语篇中不突出。

　　上述所有这些主题链在语篇中既可以是连续的，称为连续型主题链。也可以存在在一个话题链中插入其他基本话题或话题链的情况，这种情况下的话题链叫断续型主题链。

　　至此，彭文构拟出一个完整的主题链系统体系，如下图。

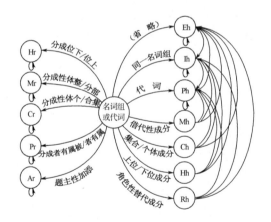

　　右边的是重复性主题链子系统，左边的是相关主题链子系统，两者通过主题链首位的名词词组或代词连成一个整体，即一个名词词组或代词，可能以重复性主题链的方式发展（右边），也可能以相关性主题链的方式发展（左边）。不过，这里只标明了整体系统（箭头走向）。例如，一个名词词组或代词，可以以代词化的方式重复，此后同一代词还可能再次重复，因此"代词"下面有一条循环执行程序，一次或多次重复。又如，右边下面的四类成分均有箭头指向省略、重复性名词组和代词，这表明相关主题链上的下一个主题可能以这三种方式中的任何一种重复。此图没有标注回复路径，即一个程序结束后去计算另一个主题链时需重新从"名词词组或代词"开始。但这个模式足以表明语篇主题链系统的基本计算流程。

彭文从词汇语义关系的角度，考察了语篇过程中出现的两类主题链系统。其尝试目的在于为语篇主题的发展提供一个明确的系统模式，从而克服此前凭主观想象建立语篇主题模式的局限。但这里只涉及了语篇主题链的系统，还没有涉及选择过程中由上述主题链系统组织而成的结构关系。同时，彭文的研究是基于英语语篇，其构建的系统模型是否完全适用于汉语语篇还有待更多的相关研究予以验证。

第九章　留学生语篇话题链特征研究

话题一般被界定为谈论的对象。通常情况下,人们谈话一般不会只说一句。即使真的只说一句,这句话也是作为(单句)语篇使用的,不是作为抽象的语言单位。从这个角度说,话题具有语篇的属性,而不是句子的属性。每个语篇都必须有话题,这应该是顺理成章的事。如果没有谈论对象,它就不是语篇。当然,话题是个语用层面上广义的语义概念,当说到语篇必须有话题时,我们的意思是语篇必须有话题这个语篇成分,并不是说话题必须被明白无误地由文字表达出来。从根本上看,语言是交际工具,交际即语用,我们进行言语表达显然不是先组装一些抽象的静态结构,然后在一个层次上突然附加一些语用成分而交付使用。从这个角度看,一个语篇一定要有所谓,要就一个"话题"作出"评论"。关于语篇话题,方梅(2005)有相关的论述。方文指出:"话题是一个跨越不同层面的概念。可以仅仅针对单个语句,也可以覆盖一段语篇。前者是句内话题,后者是语篇话题。"语篇话题是语用层的语义范畴,主要是看说话人用篇章到底想要表达什么,篇章的关键——"话题",就是说话人想要表达的中心概念,所以说语篇话题与语篇的语义中心概念相当。因此,话题在语篇中处于灵魂地位。一个语篇一定有话题,否则就空洞无物、杂乱无章。

话题链是话题结构在语篇中存在的一种主要形式。事实表明,一旦出现话题链,对于话题结构的研究就迈出了小句的范围,进入典型的语篇范围。从某种意义上来说,话题链其实就是一个语段。我们知道,语段是建筑在逻辑思维基础上的一个语义"层次"。构成语段的各个句子都必须围绕着一个中心话题，因而具有向心作用。这样的一群句子，通过一定的逻辑顺序组织起来，便组成了一个较大的语义整体。可见，作为一个语义单位，语段所表达的思想并不是各句意义的简单总和，而是比各句意义更高一层的有机组合体即语篇。因此，话题链具有强大的篇章组织功能。从心理语言学的角度来看，话题链可以让说话人不断地添加内容，只要话题一确定，说话人无须提前考虑后续小句的句法结构，很容易形成所谓的流水句，从而扩展篇章。（李文丹，2005）

第一节 留学生语篇话题链类型

一 基本话题链类型

（一）句子话题链

王建国（2009）指出，只要话题延续的范围是一个句子，即只要共享话题的多个小句是以句号、问号或感叹号结束，即构成句子话题链。例如（本节例句全部来自 HSK 动态作文语料库作文，文中不再一一说明）：

（1）我和姐姐$_i$手拉手，ϕ_i坐车 14 个小时，ϕ_i然后坐船 4 个小时，ϕ_i好不容易到了目的地。

四个小句共享同一个话题"我和姐姐"。

（二）超句话题链

句子话题链是由一个主题控制的，由一个小句或多个小句构成的。超句话题链则是由一个主题控制，由多个句子构成的信息复合体。例如：

（2）我$_i$渐渐地发觉有很多事情是最终面对自己的良知。我$_i$身为他人的女儿、妻子、妈妈，ϕ_i最终要求的也只能是成功地完成自己的职责，为家庭、国家、社会付出那一点的力量。

（三）篇章话题链

篇章话题链是以篇章标题为话题引导的话题链，该话题链覆盖整个篇章。

记对我影响最大的一个人

a）读五年级那年，学校来了<u>一位新老师</u>，他就是后来担任五年级华文老师的<u>罗哲海老师</u>。

b）<u>他</u>的个子修长，鼻子上架着一副黑框眼镜，黝黑的皮肤还叫我们起初把他误当成马来同胞呢。

c）<u>罗老师</u>待人彬彬有礼，态度温文尔雅，上课的第一天就给全班同学留下了好印象。他对中华民族的历史有深入的研究，常常就这方面的知识给我们讲故事，有时他也给我们讲述中国少数民族的风俗人情，使我们的学习生活不至于枯燥无味。

d）五年级过后，<u>罗老师</u>继续担任我们六年级的华文老师。【升上中学后，由于中学缺乏华文教员】，<u>罗老师</u>应邀到中学执教。【就这样】，<u>罗老师</u>继续成为我的华文老师，直到我中学毕业为止。

e）<u>罗老师</u>常趁教学之便，灌输我们待人处世的道理。<u>老师</u>的言教与身教，对于正在成长中的我，有着莫大的影响。

f）<u>罗海哲老师</u>常以一句话勉励我们："逆水行舟回头难——勇往直前。"他做事认真，不屈不挠，也是我敬佩他的其中一个优点。

g）今天的我能在教育事业上小有成就，待人处世少有差错，都应归功于<u>这位</u>对我影响巨深的<u>罗哲海老师</u>。

全文用所指相同的"影响最大的一个人"、"一位新老师"、"他"、"罗哲海老师"、"罗老师"、"老师"、"这位"以及零形式，分别构成句话题链、超句话题链，最终形成篇章话题链。

这三种形式的基本话题链在留学生的语篇中都能找到踪迹，但这种粗线条的描写并不能清晰地展示留学生汉语作文中的话题链特征，因此，我们接下来将对留学生语篇中话题链接的形式作一更为细致的考察。

根据曹逢甫（1995）的论述，对于两个次第出现的小句所表达的两个信息片段，如果后一个信息片段的主（话）题成分与前一信息片段成分系同一所指，那么这两个主（话）题成分之间就形成一个主（话）题链，不管后面这个主（话）题成分是重复的名词词组还是代词。本书将话题链的外延扩大，指特定语境下，两个或两个以上有相互关系的主题之间所形成的信息发展方式。我们所认定的话题链，话题既可以出现在句首也可以不是在句首，如上文篇章话题链例子中的（a）；后面的主题成分可以是重复的名词词组、代词，也可以是具有词汇语义范畴的上/下位、集合/个体关系，如上文篇章话题链例子中的（c）、（d）、（e）；链的类型还包括非延续链和修饰语链。前者之中插入了非话题链的干扰话语，插入话语之后的小句仍然存在和话题 NP 同指的零形 NP，并且篇章的清晰性没有受到影响，如上文篇章话题链例子中的（d）插入了【】部分。后者指名词修饰语为链话题的话题链，如上文（b），"他的个子修长"中的"他"。

二 重复性话题链子系统

事实表明，一旦出现话题链，相关语言单位就迈出了小句的范围，或者是处于小句和语篇之间的过渡单位"复句"，或者进入典型的语篇范围，如句群、段落、节、章等。因此，语篇话题链系统指语篇内、小句以上语言单位中不同话题链之间的潜在网络关系。由于这一结构链上的成分所指相同，故称为重复性或同质性话题链。所谓重复性/同质性话题链，指一个语段甚至整个语篇内一组谈论对象之间，具有相同或相近的经验所指对象。重复性话题链包含简单重复链和复杂重复链。

（一）简单重复链

简单重复链有如下三种情况：

1. 代词化替代链。如：

（3）罗老师待人彬彬有礼，态度温文尔雅，上课的第一天就给全班同学留下了好印象。他对中华民族的历史有深入的研究，常常就这方面的知识给我们讲故事，有时他也给我们讲述中国少数民族的风俗人情，使我们的学习生活不至于枯燥无味。

2. 省略性话题链。如：

（4）……我偷偷摸摸走到冰箱旁，φ打开冰箱，φ拿走所有的巧克力。φ把弟弟丢在一边，自己连忙跑进屋里。φ心想要是弟弟进来看见怎么办？于是，φ想到了一个好主意，φ把门锁起来，自己在里面吃个痛快。

该例中，句子话题链和相邻句子构成的超句话题链都采用了省略话题的形式。

3. 复制性话题链。如：

（5）五年级过后，罗老师继续担任我们六年级的华文老师。升上中学后，由于中学缺乏华文教员，罗老师应邀到中学执教。就这样，罗老师继续成为我的华文老师，直到我中学毕业为止。

基本谈论对象"罗老师"在后面被原样复制，从而形成复现性复制链。

（二）复杂重复链

与简单重复链相对的是复杂重复链，即在借代与被借代、上位与下位以及角色关系之间相互替代的发展方式。例如：

（6）对我影响最大的一个人不是我的父母，也不是我的老师或者任何一个伟人，他仅仅是一个游手好闲的小混混，他自称"喂"。……从这件事，我看到"喂"善良的一面，于是不顾外婆的反对，和小混混成了好朋友。外婆在百般阻挠不成之后，决定把我送回新加坡。临走时，"喂"送了一串佛珠给我，要我好好地把握求学的机会，并希望我能完成他研究汉语的心愿。

（7）我们人类也是动物，那么我就拿动物的例子来谈。鸟类有种习惯，就是说，它们的小鸟刚从蛋（里）出来的时候，它会跟着它在这个世界上第一眼看到的东西。

（8）我接到中国录取通知书的时候，<u>父亲</u>微笑着对我说："<u>孩子</u>，<u>你</u>好好记住我以前对你说的话，到北京以后，肯定还有很多困难，如果你遇到这种困难，你要勇敢面对它，克服它。"

例（6）"他"、"小混混"、"喂"之间是借代关系；例（7）"动物"和"鸟类"之间是上、下位关系；例（8）"我"、"父亲"、"孩子"、"你"是角色关系，"孩子"是我的家庭角色。

除了上述重复类话题链，语篇内还存在大量没有重复关系却彼此关联的信息组织方式，即非重复类或相关类主题链。

三 非重复类话题链子系统

非重复性话题链分直接和间接两个大类。直接类包括整体——部分、集合——个体和上位——下位三个典型次类。间接类包括属有、添加和对比三个次类。

（9）<u>汉字</u>特别难写，而且<u>笔画</u>又多，要是再加上<u>笔顺</u>的要求，那就更麻烦了。

（10）<u>父母</u>都有望子成龙、望女成凤的心愿。<u>有些人</u>却忘了，子女虽有隔层肚皮的情，却不是自己身上的一部分，不能随意支使。更何况，<u>很多父母</u>由于当年自己的愿望落空，转而想由子女来填补，以满足自己的虚荣心。

（11）学习一种语言，往往要花上好几年的时间才能掌握得好。而<u>汉语</u>就被很多人认为是世界上最难学的语言。

例子（9）、（10）、（11）分别代表了直接相关的三种情况："汉字"和"笔画、笔顺"是整体——部分关系；"父母"是一个表示"所有"的集体，"有的人"和"很多父母"是这个集体中的某些个体，他们是集体——

个体关系；"语言"和"汉语"之间是上位——下位关系。

下面几例属于间接相关的话题链形式，包括属有、添加和对比三种形式：

（12）日光如梭，光阴似箭，<u>敬爱的父亲</u>离开人世已经近二十个年头了。但<u>他严厉的目光，慈祥的笑容</u>和<u>幽默的谈吐</u>却时刻浮现在我的脑海中，尤其是<u>他对我们的教诲</u>，更是我们处事的明灯。

"严厉的目光"、"慈祥的笑容"、"幽默的谈吐"、"对我们的教诲"都是属于"敬爱的父亲"，这是一种抽象的属有关系。"我"和"我的电脑"、"我的课本"之间则属于一种具体的属有关系。

（13）每天工作后，<u>我</u>拖着疲乏的身体去上补习班，上课的时候，有时因为太累了，禁不住打瞌睡了。幸好<u>老师</u>也能体谅我们，没有责怪我们，反而常常说些鼓励的话，使我们也暗自在心里感激老师，因此，在工余时也不敢放弃温习机会。

例（13）是添加型间接相关主题链。这种关系是语境赋予的，两个原本没有语义关系的主题，在特定语境下以主题链的方式来展开和推进话语。

（14）甚至在假日里，<u>别人</u>可以愉快地享受户外乐趣，但<u>我</u>仍要按照老师指导的方法：朗读课文、拼写汉字。

"别人"和"我"属于对比关系话题链。

以上在留学生作文中发现的话题链类型，在形式上既可以是连续的，如例（5）"罗老师——罗老师——罗老师"，也可以是不连续的，即在实际语篇过程中插入其他的话题或话题链，如例（6），由话题"我"构成的话题链和由话题"喂"构成的话题链交替出现，共同推进语篇的发展。各种类型的话题链在分布上是极其不均衡的。简单重复话题链中的代词性替代链、省略性话题链和复制性话题链是留学生语篇中出现频率最高的话题链形式，其次是非重复性话题链出现的频率高于重复性话题链中的复杂话题链。也就是说在留学生语篇中词汇之间上下位、集体个体、整体部分等语义关系更多地被运用于为语篇的拓展找到新的话题，而不是运用词汇的语义关系展示词汇量及表达方式的多样性。换句话说，这种表现说明了留学生在生成语篇时更为关注的是语篇的表达内容而不是语篇的表达方式。

话题链尽管是语言联结成语篇的重要手段，但仅仅从话题链形式上还不能完全清晰地把握语篇生成轨迹。语篇的动态建构中，同时存在着自上而下与自下而上两个过程。在自上而下的过程中，语篇话题可通过语义关系宏观地控制语篇中的句话题、超句话题，保证整个语篇的语义连贯；而在自下而上的过程中，句话题可跨越小句界限发生推进，加强小句间的联系，推动语篇的展开。当语篇含有两个或两个以上小句时，语篇会出现两个或两个以上的话题和述题。这些话题和述题的出现与变化反映了信息传递的过程，推动语篇向前发展。这种现象叫话题推进，这样的一个话题推进过程就是语篇生成的动态过程。

第二节　留学生语篇的话题推进方式

一　话题推进

话题推进也称主题推进，是指句子主题（话题）在话语中展开的方式。主题推进是通过主题结构分析来探讨语篇连贯的方法，通过揭示主题（即句子谈论的对象或话题）和述题（即对话题展开的叙述或描写内容）的变化来探析语篇内部的各种语义联系，通过对主题/述题的推进的分析，我们可以了解语篇主题拓展的方式和语篇主题展示的深入程度。语篇的主题结构分析过程可分为三个步骤：第一步，识别语篇主题。语篇主题通常与语篇的标题相一致或相关联，而且往往在语篇中反复出现。第二步，识别句子主题。句子主题即句子论及的对象。第三步，识别及分析主题推进模式。

Lautamatti（1978）在话题结构分析法中提到了三种基本的推进模式：平行推进、序列推进和延伸平行推进。平行推进指语篇中所有句子的话题主语相同或所指相关，而述题各不相同；序列推进指语篇中连续的句子的话题各不相同，前一句的述题或述题的相关内容往往成为后一句的话题；延伸平行推进中的首句话题陈述之后，再按照一定的模式（平行推进或序列推进）发展，最后又重述首句话题，从而达到首尾呼应的效果。这三种推进模式在语篇组织的过程中发挥着不同的作用。平行推进通过不断重复话题强调文章的主题思想，使读者印象深刻，但另一方面又会给人单调乏味的感觉；序列推进通过发展新的话题使文章内容充实，能够传达更多的信息，但一味地发展新话题容易导致文章偏离中心思想；延伸平行推进相对而言更为优越，它不仅能够使语篇话题的阐述深入地展开，而且能使语篇首尾呼应，语义连贯性非常突出。（王琳，2011）

基于上述已有研究成果，我们考察 HSK 作文语料库中汉语学习者汉语语篇的话题推进方式。

二　HSK 作文话题推进模式与语篇的建构

就组成语篇的句子而言，前后小句的话题、述题可跨越小句的界限发生联系和变化。上一小句的话题或述题能以多种形式延伸到下面的小句中继续成为话题，推进语篇的展开，直到另一全新句话题导入。这种句话题变化的过程可称为句话题的推进。就新的句话题而言，这种话题推进还有可能继续下去。在推进过程中，句话题不断获得新信息。随着句话题不断向前推进，整个语篇逐步展开。由于话题是话语表述展开的基点，所以抓住了句话题在单个语篇内的推进过程，就容易把握住表述基点间的内在联系，从而抓住整个语篇的结构。

下面我们将根据 HSK 语料库中的留学生作文，分析话题推进模式的下位类型。

（一）后续句的话题来自前一句话题的平行推进

即后一句的话题与前一句的话题相同，编码表示为 T2＝T1（T 代表

topic 的首字母，C 代表 comment 的首字母）。即 Lautamatti 所说的平行型推进，根据句话题间的语义关系，可分出保持一致与派生变化两种下位类型。

1. 后续句的话题与前一句的话题保持一致

保持一致，指的是无论后续句有多少，它们的话题均与第一句的话题在语义上保持所指一致，只是述题有所不同。值得注意的是，尽管所指对象没有发生变化，但语言形式可以有所不同。例如在后续句中可以使用代词、其他具有同指关系的词语以及零形式作为话题，与第一小句的话题形成回指。这种话题推进方式与上节简单重复类话题链同质。如：

（1）我的父亲（T1）是住在农村的（C1），φ（T2）今年六十六岁了（C2）。他（T3）住在农村已经六十多年了（C3），当时，我的父亲（T4）没钱（C4），而且 φ（T5）没有自己的家（C5）。所以，他（T6）下决心了当长工（C6）。φ（T7）去别人家当长工二十年以后（C7），φ（T8）买了土地还有自己的家（C8）。我的父亲（T9）没有钱（C9），所以 φ（T10）一边劳动，一边学习（C10）。

这段文字分别采用了"我的父亲"、"他"和零形式作为话题，尽管形式有所差别，但从话题 T1 到话题 T10 所有话题在语义上都保持了所指一致。

2. 后续句的话题来自第一句话题的派生变化

派生变化，体现为后续句的话题虽然也来自第一句的话题，但却是经过一定派生变化而形成的，彼此间是平行的语义关系。相对于第一句的话题而言，无论后续句有多少，它们的话题都是次一级的。例如：

（2）父母（T1）是孩子的第一任老师（C1），（T2＝T1）也是孩子在成长过程中最重要的老师（C2）。父母给予的东西（T3），不仅仅只对孩子的童年产生影响（C3），（T4＝T3）在孩子成长的不同阶段都会对孩子产生不同程度的影响（C4）。

后续句的话题 T2 与第一句的话题 T1 保持一致，话题 T4 与话题 T3 也保持了一致，但 T3（父母给予的东西）则在语义上从属于 T1（父母）。

（二）后续句的话题来自前一小句述题的序列推进

如果前一小句的述题成为作者想要进一步陈述的对象，那么该述题也有可能推进到后续句中成为话题。Lautamatti 称之为序列推进，即前一句的述题或述题的一部分是后一句的话题，编码表示为 T2＝C1，这种推进模式也存在单次不变与多次派生两种下位类型。

1. 后续小句的话题来自前一小句述题的直线推进

这种推进模式是指前一小句的述题或述题中的一部分（名词性成分）成为后续小句的话题，两者之间的语言形式可以完全相同，也可以有所变化，但语义所指保持不变。这种推进是单一直线形的如：

（3）其次，家庭（T1）是最基本的社会（C1）。社会（T2＝C1）有许多规矩（C2），家庭（T3）也应有规矩（C3＝C2）。

（4）我（T1）一回家就发现阳台上的三种植物（C1），三种植物（T2）都有名字（C2）。这些名字（T3）就是我们三个女儿的名字（C3）。

这样的推进模式从理论上来说可以沿着一条直线无限向下推进，例如上面例子中的例（4），我们可以仿拟继续推进为——"这些名字（T3）就是我们三个女儿的名字（C3）。我家三个女儿的名字（T4）分别是淑子、贞子、美子（C4）。淑子、贞子、美子这三个名字（T5）分别寄托了我父母对我们三个女儿的期望（C5）……"但这样的推进有可能导致后面的内容与文章想要表述的主要话题"三种植物"越来越偏离。因此在实际语料中我们发现这样的推进模式通常只出现在相邻的两个或最多三个句子之间。

2. 后续句的话题来自第一小句述题的派生推进

如果从第一小句的述题中延伸出的后续小句话题不止一个，而这些句话题之间又有平行语义关系，就会形成前一小句述题的多次派生推进，推进过程中的单线形就会分叉成多线形。

（5）不言而喻，父母（T1）是孩子的第一任老师（C1）。下面我（T2）来谈谈我的第一任老师所教我的知识（C2）。第一句（T3）"慢慢一步一步来"（C3）。φ（T4）记得我小时候学走路的时候常常摔倒在地上（C4），（T5＝T4）每次就要大哭一声（C5），妈妈爸爸（T6）就会抱着我说"慢慢一步一步来，别着急。"（C6）这句话（T7）虽然简单（C7），但它（T8）〔在我困难坚持不下去的时候〕鼓励了我（C8），我（T9）就会慢慢地一步一步爬起来（C9），（T10＝T9）努力坚持下去（C10）。第二句（T11）"好好学习"（C11）。我小时候（T12）听我妈妈说这句话不知有几千次了（C12）。我父母（T13）都是爱读书的人（C13），他们（T14＝T13）常对我说开卷有益（C14），我（T15）也就开始喜欢上看书了（C15）。

这一段中，主话题 T3、T11 分别是从 C2 中派生出来的，并且以这两个主话题为主干各自分叉出多个次话题，这些次话题分别围绕"第一句话"和"第二句话"而展开推进。

（三）后续小句的话题来自前一小句的话题与述题的综合推进

该类型的推进可以编码为 T2＝T1＋C1，综合推进包含两个下位类型——合并推进和回环推进。合并推进是指不仅前一小句的话题或述题可以延伸至后续小句中成为话题，整个前句也可作为新话题延伸至后续小句中。但由于前句所指称的命题需要进行概念化后才能参与后续小句的信息结构，所以后续小句的话题多由总括性词语充当，以指称前句。例如：

（6）我（T1）虽然还没有结婚（C1），（T2＝T1）还没有孩子

（C2），但我（T3＝T2＝T1）已经知道做父母的应该好好教育自己的孩子（C3），（T4）知道父母应该为自己的孩子做好的榜样（C4）。这些（T5）是我们对后代的一种责任（C5），（T6＝T5）也是我们对社会的贡献（C6）。

T2、T3、T4 延续 T1"我"继续充当后续句的话题，T5、T6 则是总括 C3、C4 的述题作为话题，并进一步引申出两个新的述题。更为典型的可看下例：

（7）作为父母（T1）首先要特别注意说话的内容、语气等等（C1），（T2）其次还要注意他们的行为，尤其是对别人（C2）。另外，身为父母（T3）应该理解孩子（C3），虽然孩子还不会说话但在孩子心里肯定有话想说。以上几个方面（T4）是非常重要的（C4）。

话题 T4 是总括前面三个句话题的主题和述题作为新话题的，"以上几个方面"指的就是前文所说的"作为父母应该注意的三个方面"，将前面三个句子的话题和述题综合起来作为第四句的话题。第四句的话题和述题实际上是对前面三个话题和述题的总结和深化。

回环推进，即 Lautamatti 所说的延伸平行推进，是指首句话题陈述之后，再按照一定的模式（平行推进或序列推进）发展，最后又重述首句话题，从而达到首尾呼应的效果。例如：

（8）孩子（T1）往往容易受到别人的影响（C1），因为他们（T2＝T1）很单纯、直率（C2），所以（T3＝T2＝T1）容易相信别人说的话（C3）。父母（T4）从孩子出生的那天开始，一直跟他在一起（C4）。（T5＝T4）每天跟他接触（C5）。父母和孩子的距离（T6），对孩子来说，是最近的（C6）。孩子（T7＝T1）不能不受到父母的影响（C7）。

T1、T2、T3 以"孩子"为话题平行推进，T4、T5 以"父母"为话题平行推进，T7 重回 T1，且 C7 深化 C1，环环相扣。回环推进相对而言更具优势，它不仅能够使语篇话题的阐述深入地展开，又能使语篇首尾呼应，语义连贯性非常突出。

（四）后续句的述题来自前一句的述题的集中推进

该类型可以编码为 C1＝C2，尽管话题不同，但前后句述题相同，集中说明不同主题之间的相近性或可比性。例如：

（9）孩子（T1）从小就学习父母的行为（C1），父母（T2）做什么（C2），孩子（T3）也要做什么（C3）。

（10）社会（T2＝C1）有许多规矩（C2），家庭（T3）也应有规矩（C3＝C2）。

这种推进模式和前面的 T2＝C1 中的直线推进一样，通常只出现在前后两个小句中，都较少出现在较长的语篇中。

（五）后续句的述题来自前一句的话题的交叉接应推进

这种类型可以编码为 C2＝T1，在叙事性语篇和论证性语篇中大多用来表达一种观点和看法。例如：

（11）"累了"，这个词（T1），在有了工作以后才可以说（C1），对于现在还没工作的人（T2），没有权利说"累了"这个词（C2）。

（12）对我们来说，这次旅行（T1）可以说是一次冒险（C1）。已经过了 15 年的时间，但我（T2）依然忘不了这次旅行（C2）。

在语篇的动态建构中，话题的推进并不是单纯依靠某一类型就能实现的，而是多种下位类型的综合使用。作为整个语篇的陈述对象，语篇话题在自上而下的建构过程中需要分化成不同的子话题，以得到充分论述。位于这些子话题直接涵盖范围内的小句和话题链即为语篇的主线。充当这些子话题的可以是句话题，也可以是超句话题。而在主线展开的过程中，作者可能会发现与之相关的其他陈述对象，需要对它们展开信息的陈述，这样形成的小句和话题链则是语篇的支线。它们不可能大篇幅地集中在一个陈述对象上，往往从一个陈述对象变换到另一个，为主线提供其他信息。这样的话题变换过程也便是语篇构建的过程。下面我们以一篇完整的 HSK 作文语料为例，完整、清晰地展示句话题以何种方式推进为超句话题、语篇话题，自下而上构成语篇；语篇话题如何自上而下地制约超句话题和句子话题，实现语篇意义上的协调与连贯。

如何解决"代沟"问题

A①我的很多朋友（AT1）常常感叹，他们与上一代之间的沟通与交流非常困难（AC1），②而长者（AT2）却抱怨说，如今的晚辈不听话，难以管教（AC2）。③这种情况（AT3）为什么会出现呢（AC3）？④就是因为两代人之间（AT4）存在着"代沟"（AC4）。⑤所谓"代沟"（AT5）就是指，两代人（父母与子女）之间在行为方式、生活态度以及价值观念方面存在的差异（AC5）。⑥"代沟"（AT6）给现代家庭带来很多困扰（AC6），⑦ϕ（AT7）必须合理解决（AC7）。⑧那么，如何（AT8）才能解决"代沟"问题（AC8）？⑨我（AT9）认为可以从以下几个方面来解决（AC9）。

B①首先，两代人之间（BT1）应该相互了解，互相尊重（BC1）。②由于两代人生活的时间、环境、阅历不同（BT2），从而行为方式、生活态度以及价值观念难免存在差异（BC2），③【在这种情况下】，后辈的（BT3）应当尊重长辈的生活习惯和生活方式（BC3），④而 ϕ（BT4）不能指责他们"老古董"、"不开窍"（BC4）。⑤孝顺父母（BT5）是中华民族的传统美德（BC5），⑥做子女的（BT6）不应该忤逆父母（BC6）。⑦而当长辈的（BT7）也不能"倚老卖老"（BC7），⑧ϕ（BT8）也要尊重年轻人的观点（BC8），⑨ϕ（BT9）在和睦的气氛中求同存异（BC9）。

C①其次，双方（CT1）力求找出他们的分歧点，求同存异（CC1）。②如老一辈的人（CT2）可能主张节俭朴素（CC2），③而后辈（CT3）可能主张适当地消费（CC3），④【在这种情况下】，双方

（CT4）应当求同存异（CC4），⑤φ（CT5）找到双方都能接受的方式解决（CC5），⑥φ（CT6）而不能固执地认为自己的观点就是"真理"（CC6）。⑦那样（CT7）只会使"代沟"加深（CC7），⑧φ（CT8）使本已难解决的问题更难解决（CC8）。

D①最后，φ（DT1）就是实行"小家庭制"（DC1）。②【在双方都无法接受对方生活方式、行为习惯时】，后辈（DT2）成家后可另立家庭，与长辈分居（DC2），③φ（DT3）以避免冲突（DC3）。④赡养父母（DT4）是每个子女的权利和义务（DC4），⑤【即使分家后】，后辈（DT5）也应时时照顾父母（DC5）。

作文编号 199610512501150007

"如何解决代沟问题"作为语篇话题自上而下制约着四个段落的主题，A 段的主题是"什么是代沟"，B、C、D 三段的主题是"解决代沟的方法"。每个段落由数量不等的句子话题组成，采用多种话题推进方式，建构出完整的语篇。下面我们详细分析各个段落中的话题推进方式。

A 段共九个话题句，A①和 A②之间采用了话题不同，述题相同的集中推进方式，尽管 AC1 和 AC2 的语言形式不完全相同，但语义相同。AT1 与 AT2 之间虽然话题不同但具有相关性，这种相关性是通过非重复的对比关系而产生的；A③和 A④则是通过对 A①和 A②的综合推进方式而产生的，AT3 的"这种情况"综合指称 A①和 A②话题和述题共同展示出的两种情况，AT4 的"两代人"则是对 AT1 话题和 AT2 话题的综合；A⑤的出现来自对 A④的序列推进，AT5 来自 A④的述题 AC4，并利用 AC5 对话题"代沟"进行了详细的阐述说明；A⑥和 A⑦运用平行推进的方式，复制了 A⑤的话题"代沟"，并进一步用 AC5 和 AC6 两个述题深化了作者的观点；A⑧和 A⑨再一次采用集中推进方式，顺延 A⑦的述题，说明"从以下几个方面解决代沟问题"，从而顺利引出后续的 B、C、D 三个段落。

B 段同样有九个话题句，B①肩负着段落主题的作用，是第一个层次的，随后的句子都是围绕 B①而展开的。具体的推进方式是：B②引入新的话题，说明两代人在行为方式、生活态度以及价值观念上都会存在差异；B③和B④运用综合推进的方式，以"后辈的"为话题说明年轻人应该怎么做；B⑤是通过对B③和B④的述题BC3、BC4的序列推进而产生的，进一步强调做子女的应该遵循传统美德而不应该忤逆父母；B③、B④、B⑤和B⑦、B⑧、B⑨是两组同属于第二个层次的话题句，两者之间是对比关系，通过对比说明"后辈的"和"长辈的"各自应该怎么做，来实现对本段落主题句B①的深入阐述。

C段有八个话题句，与B①一样，C①同样体现着段落主题的作用，是第一个层次的，随后的句子都是围绕C①而展开的。C②、C③的话题"老辈的人"和"后辈"是C①话题"双方"的派生变化，两者之间属于平行语义关系；C④、C⑤、C⑥重回C①的话题"双方"，强调双方应该怎么做。C④前面【】中的内容——"在这种情况下"是话题句的前引成分，起着辅助或者补充说明话题链主题内容的作用，与话题链中共享话题的语句构成一个句子或超句。D段中的【】部分与此作用相同，将不再作出分析和说明；C⑦、C⑧运用对C⑥话题与述题的综合推进方式，从反面强调"双方"不应该怎样做。从说明方式上看，B段重在"老辈人"和"后辈"之间的对比说明；C段重在对"双方"之间的综合说明。

D段共有五个话题句，D②与D①之间属于述题相同的集中推进方式。尽管两句之间的述题的语言形式不完全相同，但语义关系是一致的，"另立家庭、与长辈分居"就是"小家庭制的具体方式"。D③的话题是零形式，但若补充出来就是整个D②的话题和述题，也就是"后辈成家后可另立家庭与长辈分居以避免冲突"。因此属于后续小句的话题来自前一小句的话题与述题的综合推进模式。D④的话题与述题"赡养父母是每个子女的权利和义务"来自对D②的述题"另立家庭、与家长分居"有可能产生的误解——与父母分居便可以不赡养、照顾父母，为了消除这种误解，作者进一步用D④与D⑤来明确作者的态度——"即使分家，后辈也应时时照顾父母"。

通过上文的详细分析，我们清晰地看到整个语篇构建过程中，语篇话题制约句子话题使所有的句子信息为语篇的核心内容服务；另外，句子和句子之间按照平行、序列、集中、交叉等多种推进方式支撑起整个语篇，话题推进为语篇的呈现提供条件。一个语篇的呈现通常需要一定的形式来支撑，形式的选择是为了让文章主题表达得更为鲜明、生动。形式与内容的结合在很大程度上取决于话题推进方式的选择。一个连贯的语篇应该是在语言形式和语言内容上协调一致的语篇，话题推进从语言内部将语言形式的层层推进与句子之间的语义紧密衔接起来，从而构成一个意义完整的语义链条。

第十章 二语写作语篇整合研究

第一节 语篇整合的层次及因素

一 语篇整合及整合度

人们对于一个语篇质量好坏的判断标准通常体现在——语言是否流畅、结构是否合理、语篇是否连贯等几个方面，这些标准概括起来其实就是指语言作品所体现出来的整理组合的程度。所谓整合是指人在生成口头或书面语言的过程中对各种语言要素加以整理、组合的行为。所谓整合度是指语言传播主体在生成言语作品时对各种语言要素整合的程度。换言之，整合度是用来描写言语生成过程中，口语的言语编码状况和书面语的文字表达能力的。（娄开阳等，2003）

人的语言表达能力包括很多方面，其中很重要的一方面是对语言要素的整合能力。衡量一个人语言整合能力高低的标准就是看其言语作品的整合度。任何一种言语作品，无论是口头形式还是书面形式，都存在一个说得/写得好不好的问题。衡量言语作品好坏的标准之一就是看生成出来的言语作品对各种语言要素的整合与把握如何，即整合度高低。整合度的高低也就是人的语言表达能力高低的体现。就口语而言，这种整合能力就是言语编码能力；就书面语来说，这种整合能力就是写作能力或者说书面表达能力。任何言语作品生成过程最后都将涉及整合及整合度的问题。不同领域在考察人的整合能力时，对整合度这一概念的关注各有侧重：对口头表达的考察通常比较注重过程，即在表达过程中的整合速度、整合程度的高低等；对书面表达的考察则比较注重结果。如外国学生 HSK 高等考试中的作文，着重考察考生的写作能力，即评判最终的整合结果——书面言语作品（作文）整合程度的高低，不看重整合过程。

与普通的口头表达相比，书面语生成过程中所作的准备更充分，使用的时间更多，计划性也更强，因此高整合度无疑是书面语的突出特点。研究书面语的整合状况、摸清书面语的整合规律、揭示其整合方法、培养提高受教育者书面语的整合能力是语言学家和语文教育者的责任。

二 书面语篇整合的层次及内容

书面言语作品整合度具有多层次性，除去语音层面的整合之外，书面语生成过程中在词语、句子和语篇层面都存在着整合与整合度的问题：

（1）词句层面：字斟句酌、遣词造句。词和句两个层面通常是合在一起的，对词语和句式的慎重选用和安排通常被形容为字斟句酌和遣词造句。

（2）语篇层面：谋篇布局、文从意顺。语篇层面的整合涉及篇章结构和衔接连贯两个方面。传统文章学中通常称前者为谋篇布局，对后者的要求通常则称为文从意顺。

书面语篇的整合通常涉及篇章结构和衔接连贯两方面的整合。这两方面整合的对象不同，前者主要是总体的语篇结构，后者主要考虑以多种衔接手段以保持语义上的贯通。语篇结构的整合，也就是俗称的谋篇布局，整合的内容包括结构要素自身的整合和结构要素之间关系的整合。留学生书面语篇属于典型的基础语篇，通常包括叙述文、描写文、议论文、说明文。这些基础文体类型各自都有典型的结构要素和结构方式，在面对写作题目或要求时，写作者对语篇结构的整合便体现在选择何种适当的语篇类型，选择该语篇类型中的哪种结构模式，确定该结构模式中的结构要素，按照什么样的顺序组合一系列相关要素等。

语篇衔接连贯方面的整合即传统文章学经常要求的文章要"文从意顺"，意即要求文章能保持句与句之间的顺畅衔接，保证文气贯通，语义前后连贯。具体又可以分为衔接手段的整合和语义连贯方面的整合。衔接手段方面的整合是从形式方面来说的，整合主体面临三个问题：首先，要掌握各种衔接手段，其次，要判断在何处使用何种衔接手段，最后，在多种可选的衔接手段中，具体选用哪一个比较得体，所有上述这些问题都是对主体整合能力的考验，也都有专门的技巧，需要接受专项学习与训练。语义连贯方面的整合比形式衔接方面的整合难度更大，传统文章学的要求是文气贯通，不过如何判断文气是贯通的，前后句子之间的语义是连贯的，会令人很费思虑，虽然目前尚缺乏科学量化的标准，但语篇研究中已逐渐开始成果倍出的话题句、话题链、话题推进以及句子、段落、篇章的语义研究的相关成果，无疑对构建文气贯通的连贯语篇具有重要的意义和作用。

三　书面语篇整合度的主客观因素

书面语篇整合程度的高低取决于主观和客观两方面的因素：

（一）客观因素

客观因素决定着整合的方向和标准，主要指语境和场合。这里的语境实际上指的是"文境"，即文本写作时的环境。语境和场合决定着整合行为宏观和微观两个方面。

1. 宏观上，往哪个方向整合？语篇建构主体在展开整合行为之前，首先要做的是判断往哪个方向进行整合。即整合主体在下笔之前要认真仔细地分析行文的小语境和大语境，冷静判断才能不犯方向性错误。整合的方向正确了，即便整合度不高，文本本身也不会出大问题。

2. 微观上，向哪个标准靠拢？这是其次需要考虑的问题。确定了整合的方向之后，下面需要考虑的就是该方向上具体的整合标准。整合主体要尽可能运用各种整合技巧，使整合内容符合标准的要求。

（二）主观因素

主观因素决定着整合度的好坏和高低，主要指主体的整合能力。这涉及整合度的好坏和高低两个问题。

1. 整合度的好坏。本质上是质（对错）的问题，指整合主体在宏观上整合行为的方向是否正确。整合度好，说明整合的方向正确；否则，就说明主体的整合行为有了偏差。

2. 整合度的高低。本质上是量（多少）的问题，指整合主体在微观上整合水平的高低及整合能力的大小。文本的整合度高说明主体的整合能力较强；反之就反映了整合水平的低下。

在语篇建构过程中，对客观因素和主观因素的把握同样重要，这二者是密不可分、不宜偏废的。整合度的好坏与高低均为语言传播主体整合能力的体现，一个好的语篇的生成是建立在对宏观整合方向上的把握与微观上的写作技能相结合的基础之上的。

第二节　HSK 作文语篇整合表现

一　宏观整合

语篇的整合程度决定着对语篇质量的考量，衡量言语作品好坏的标准之一就是看生成出来的言语作品对各种语言要素的整合与把握如何。下面我们通过三篇不同分数段的 HSK 同题作文，分析不同质量的作文在整合程度上体现出的差异。

A　50 分

（原文没有题目）

我们的时代和父亲的时代不同，我觉得两代人之间存在代沟，不是什么奇怪的，很自然的事情。我爸爸的时代是我们国家很困难的时候，那时候我们国家真穷，什么都没有了。我们爸爸时代，建设克服穷的国家，所以他们对社会和国家很尊重，每人应该为国家尽力而为，这是我觉得我爸爸时代的最大的特点。我们的时代有点不一样，我们时代的特点是对个人的幸福，最重要的。当然国家和社会做有好处的事儿也很重要，可我们的时代最重要的是自己的幸福，为自己的理想全力以赴的思想。

这样的代沟可能是我们长大的生活环境不同的原因吧，我们爸爸时代生活在很困难的环境，可是我们时代比我们爸时代，生活在比较好环境了，当然这样的代沟呢，很自然的。

不管什么时代发生这种代沟，很平常的事情，把这种代沟解决办法是相互了解的。我爸常说，现在晚辈，真不听话，不懂事，不礼貌。

我们也说他们想法太古老，可是我们互相了解，我觉得可以解决的问题。

我爸时代要懂现在时代不同，我们呢，应该了解父代的困难的生活，这样的办法，我觉得解决代沟的最好办法，这是我的个人意见而已了。

作文编号 199610550523190038

B 70 分

《如何解决代沟问题》

　　"代沟"问题，实在很难解决的。我们也是常常和我们的长辈交流时遭到困难，也有时呢，我觉得我的晚辈和我的想法不一样。这怎么回事？

　　我就可以说是新生代的年轻人，所以跟我的父母或者老师说话时，觉得他们对我们的要求很严重，动不动说："你不要做这样的事"，"你应该好好学习"，"你必须做什么……"等等，总是说"不，不，不"，所以我们从小听到的是"不"这个字。也许父母的希望我们长成好学生，把他们的希望放在我们肩膀上，可是这样的希望总对我们压力很大，所以有时候我们两代之间交流不通。而且他们的生活背景和现代我们的生活就不一样的原因也有，他们成长的时候生活比较困难，所以他们到现在总说"节约"，节约总算是好习惯，可是他们太过分地强调呢，会让我们反抗的一种说法。

　　到现在我从两方面来谈了我的意见。

　　一方面是长辈和晚辈之间的目的或者想法不一样，就是两代人都不要让步，不许了解对方。老一辈呢，想想自己小时候的想法，晚一辈呢，了解自己的父母而听一听他们的话，当然自己也有自己的想法，可是有时候呢，听父母的话对你有利，我也常常觉得听父母的话终于对我有好处的，他们比我们经验多，所以想得也比我们很深，所以给我们的帮助不可能让我们吃亏的，我们这辈年轻人们再考虑父母的话吧。

另一方面是长辈和晚辈的生活背景不一样的原因。现在我们的生活既自由又很丰富，所以不能理解老辈的想法，这方面呢，我们的长辈应该教我们的一部分，而且不要太过分的要求，像哄孩子一样摸一摸我们，那么我们的新世代者会听话的，就需要两代的了解心。

作文编号 1996105505 23290016

C 90分

如何解决"代沟"问题

我的很多朋友常常感叹，他们与上一代之间的沟通与交流非常困难，而长者却抱怨说，如今的晚辈不听话，难以管教。这种情况为什么会出现呢？就是因为两代人之间存在着"代沟"。所谓"代沟"就是指，两代人（父母与子女）之间在行为方式、生活态度以及价值观念方面存在的差异。"代沟"给现代家庭带来很多困扰，必须合理解决。那么，如何才能解决"代沟"问题？我认为可以从以下几个方面来解决。

首先，两代人之间应该相互了解，互相尊重。由于两代人生活的时间、环境、阅历不同，从而行为方式、生活态度以及价值观念难免存在差异，在这种情况下，后辈的应当尊重长辈的生活习惯和生活方式，而不能指责他们"老古董"、"不开窍"，孝顺父母是中华民族的传统美德，做子女的不应该忤逆父母。而当长辈的也不能"倚老卖老"，也要尊重年轻人的观点，在和睦的气氛中求同存异。

其次，双方力求找出他们的分歧点，求同存异。如老一辈的人可能主张节俭朴素，而后辈可能主张适当消费，在这种情况下，双方应当求同存异，消费时应节俭，找到双方都能接受的方式解决，而不能固执地认为自己的观点就是"真理"。那样只会使"代沟"加深，使本已难解决的问题更难解决。

最后，就是实行"小家庭制"。在双方都无法接受对方生活方式、行为习惯时，后辈成家后可另立家庭，与长辈分居，以避免冲突。赡养父母是每个子女的权利和义务，即使分家后，后辈的也应时时照顾父母。

作文编号 199610512501150007

这三篇作文分别处于 50 分段、70 分段和 90 分段，考试所获得的分数评定其实就在一定程度上体现了这三篇作文各自的文章质量。HSK 作文分数既是评判人对一个在限定时间内完成的命题作文的总体质量所达到的某种程度的一个量化判定，同时也是对一个书写者作文写作能力的一个综合判定。书面表达过程中，整合及整合程度的问题首先体现在写作主体对文章书写的内容的选择和确立上，其次体现在写作主体对词、句、段、篇各具体语言要素的运用和表现上。前者是语篇的宏观整合，后者是语篇的微观整合。简单概括起来，宏观整合就是"写什么"，微观整合就是"如何写"。

宏观整合是写作主体在下笔之前，根据文章要求确立自己作文的书写内容和书写方向。宏观整合决定着作文的总体走向，如果"方向"正确，即使微观整合的质量有所欠缺，文本本身也不至于"跑题"，或者说至少也不会"离题太远"。我们首先来看上述三篇作文的宏观整合。该作文为给定材料的命题作文，材料主要是提供了几个现实生活中，老辈人和年轻人之间相互抱怨的事例，要求以"如何解决代沟"为题，写一篇 600 字左右的作文。"如何解决"要求的就是给出解决办法，围绕解决办法，作文内容可能涉及的方面还可以包含例如对"代沟"概念的解释，"代沟"产生的原因，"代沟"的具体表现，等等。在宏观整合作文方向的时候，首先应该明确在文章内容上，"解决办法"是核心，其他内容是辅助、支撑。上述三篇作文，A 作文的内容核心是"代沟产生的原因"；B 作文的内容核心是"代沟的具体表现及其产生原因"，尽管行文中也涉及了"解决办法"，但从作文内容各自的分量来说，"表现和原因"为主，"解决办法"

为辅；C 作文紧扣"如何解决"的要求，全文从三个方面给出了解决代沟的三种具体方法。因此，首先在作文写作方向的宏观整合上，A、B、C 三篇作文呈现了"偏离———一定程度的偏离———扣题"三种主题状况。

二 微观整合

微观整合是写作主体对词、句、段、篇各个具体语言要素的运用和表现，主要包括词句层面和语篇层面。词句层面可以分为词句语法层面的整合和词句语用层面的整合。

（一）词句语法层面的整合

词句语法层面的整合度主要体现在词汇、语法运用的正确性的高低上。这是二语写作与母语写作非常具有区别性差异的一个方面。我们在分析母语写作语篇时，词句层面的整合更多的是考量词句的语用状况，即词语运用是否贴切、词汇量是否丰富、句式选择是否得体、表达形式是否新颖、创新，而语言语法方面的错误通常所占比例非常有限。但在二语写作中，语言语法错误的多少对语篇质量的评定有着更大的影响。与作文 C 相比，作文 A 和作文 B 都存在一些词汇和句子方面的语法错误。见表 10 - 1：

表 10 - 1　　　　　　　　　语言语法错误类型及例示

类型	作文 A	作文 B
介词错误	我们时代的特点是对个人的幸福，最重要的。 当然（为）国家和社会做有好处的事儿也很重要	
判断动词错误	当然这样的代沟呢，（是）很自然的。 不管什么时代发生这种代沟，（都是）很平常的事情。	这方面呢，（是）我们的长辈应该教我们的一部分。
连词错误	我们也说他们想法太古老，可是我们互相了解，我觉得可以解决的问题。	
副词错误		我也常常觉得听父母的话终于对我有好处的。 节约总算是好习惯。

续表

类型	作文 A	作文 B
搭配错误		我们也是常常和我们的长辈交流时遭到困难。觉得他们对我们的要求很严重。
句子错误	把这种代沟解决办法是相互了解的。	可是他们太过分地强调呢，会让我们反抗的一种说法。
	我们爸爸时代，建设克服穷的国家，	他们比我们经验多，所以想得也比我们很深。
		现在我们的生活既自由又很丰富。

对于上述错误我们不再进行细致的分析，展示这些语言错误的目的在于说明，词句错误是体现语篇整合质量的一个重要的相关因素，词句错误越少语篇整体整合质量向正向发展的可能性越大，但这并不意味着没有语法错误或者语法错误极少的语篇必然是整合质量高的语篇。词句语法错误对语篇质量的影响是有梯次性的，当书写者主体语言语法水平有较大差别时，词句语法错误数量的多少对语篇质量评定的影响也较大；而当书写者主体语言语法水平大致相当且都达到较高水平时，词句语法错误这个因素对语篇整体质量的影响力则有所减弱。词句语法层面的整合是衡量语篇整合程度的最基础因素。

（二）词句语用层面的整合

词句语用层面的整合度体现在词语和句子运用的丰富性、得体性和适切性三个方面。丰富性体现在词汇和句式的使用是否具有多样性和变化性；得体性体现在词语和句式的使用是否符合语体、语境；适切性则体现在词语和句式的使用是否适合上下文语义的顺畅贯通。

我们来看看作文 C 在丰富性、得体性和适切性三个方面是如何体现的。首先，文章中"代沟"的主体是"老一辈人"和"年轻人"，在表述这两个群体时，作者在指称方式上采用了"上一代、长者、晚辈、两代人、后辈、父母、子女、双方、他们、我们"，这一系列丰富多变的指称避免了表述时的单一与重复。除了这些指称方式，作者对词语音节结构对应性的关注也随处可见，如"由于两代人生活的时间、环境、阅历不同，从而行为方式、生活态度以及价值观念难免存在差异"，再如作文开头的

第一句话"我的很多朋友常常感叹，他们与上一代之间的沟通与交流非常困难，而长者却抱怨说，如今的晚辈不听话，难以管教"。词汇上"感叹"与"抱怨"相对应，"不听话"与"难以管教"否定与肯定相对比，句式上长句与短句相对照。其次，作者的表述方式体现了典型的书面语体特征，如"在双方都无法接受对方生活方式、行为习惯时，后辈成家后可另立家庭，与长辈分居，以避免冲突。赡养父母是每个子女的权利和义务，即使分家后，后辈的也应时时照顾父母"，"在……时"、"可……"、"以……"、"……后"、"应……"这些单音节形式突显了书面语特征，符合该语篇的语体要求。最后，作者对句子形式的安排也匠心潜藏，文中两次使用设问形式，巧妙地牵引读者与作者的写作思路同步，同时也强化了文章的逻辑性，使上下文语义顺畅贯通。

与作文 C 相比，作文 A 与作文 B 则在上述三个方面有不同程度的欠缺，在语篇的词语语用层面的整合程度上弱于前者。词语语用层面的考量是指在语法层面是正确的，但是在具体的语境中不合语体或者不得体的情况。作文 A 和作文 B 都存在语体把握上的偏差，例如，

（1）那时候我们国家真穷……

（2）这样的代沟可能是我们长大的生活环境不同的原因吧……当然这样的代沟呢，很自然的。

（3）我爸时代要懂现在时代不同，我们呢，应该了解父代的困难的生活……这是我的个人意见而已了。

（4）……也有时呢，我觉得我的晚辈和我的想法不一样。

（5）老一辈呢，想想自己小时候的想法，晚一辈呢，了解自己的父母而听一听他们的话，当然自己也有自己的想法，可是有时候呢，听父母的话对你有利……我们这辈年轻人们再考虑父母的话吧。

（6）……这方面呢，我们的长辈应该教我们的一部分，

上述例子（1）、（2）、（3）来自作文 A，（4）、（5）、（6）来自作文 B，感叹句以及语气词的使用使原本属于书面语体的语篇具有了较强的口语体

色彩。

除了语体上的差异以外，作文 A 和作文 B 在词语选用的妥帖程度以及句子使用的适切性上也存在欠缺。例如，作文 A 也采用了多种词语形式指称"上一辈人的时代"，这些指称形式有"父亲的时代"、"我爸爸的时代"、"我们爸爸时代"、"我们爸时代"、"父代"，这些多样的指称方式却没有如作文 C 那样带来"用词丰富"的语用效果，相反给人一种用词随意甚至生造词汇的感觉。此外，在句子的使用上也存在语法尚可接受但语用不当的现象，例如：

（7）那时候我们国家真穷，<u>什么都没有了</u>。

（8）这样的代沟可能是<u>我们长大的生活环境</u>不同的原因吧，

上述两例在语法上都是合法的，但是一旦结合具体语境，就会感觉到不妥。"什么都没有了"意思是"任何东西都用完了或不见了"，这个"什么"是具有周遍的意味的，进入到上下文语境中，作者想表达的是"那时的国家因为穷而缺少很多东西"，此时的"什么都没有"中的"什么"只是一种虚指，而不是表示"国家任何东西都没有"；例（8）中"我们长大的生活环境"用来指称同龄人可以，但用来指称父辈和晚辈则在语义上有种怪怪的感觉。"长大"这个词尽管在语法上是合法的，但在该语境中显然没有"成长"更切适。

（三）语篇结构层面的整合

作文 C 具有正确的标题格式（首行、居中），正确的段落格式（首字缩进两格），且段落层次清晰——第一段由"代沟"现象提出对"代沟"概念的解释进而引出解决对策；第二、第三、第四段分说具体的三个解决办法，全文采用了先总后分的分析型说明文结构模式。

作文 B 的标题也是首行、居中，但在标题上加了书名号。在标题上添加书名号或者双引号是留学生书面语篇标题形式上较为普遍的一种错误表现。作文 B 的作者具有了一定的段落意识，且段落层次也比较清晰，读者能够清晰把握每一个段落的主旨——第一段提出代沟问题；第二段从年轻人的角度展示代沟的具体表现，并分析成因；第三段从长辈与晚辈不同的想法的角度进一步分析代沟成因；第四段从长辈与晚辈不同的生活背景的角度进一步分析代沟成因。全文采用了分说型说明文结构模式。

作文 A 总体来说尚不具备语篇结构意识。作文没有题目，在段落形式上是顶格书写的，从段尾的空格推断作者似乎是另起一段。到作文后面近结尾的部分以句为段，段落开始表现得较为零散，段落主旨缺乏层次且各个段落之间缺乏深化和拓展——第一段用父辈时代和当今时代的不同特点说明代沟是正常现象；第二段两个时代的差异是产生代沟的原因；第三段代沟是正常现象，父辈总是责备晚辈；第四段晚辈不理解长辈；第五段长辈和晚辈应该相互理解。各个段落之间的主题虽然看似都有一定的相关性，但各主题之间没有层次和拓展，全文很难分析出结构模式类型。

（四）语篇连贯层面的整合

语篇连贯层面整合程度的好坏决定着语篇意义的体现状况，因此，语篇连贯层面的整合是体现语篇意义的重要手段。不管是词句的运用、段落的形式还是语篇的结构都是为体现语篇的内容和意义而服务的，即使使用了丰富的词句，即使具有典型、规范的段落格式，如果不具有明确的语篇主题、没有逐层深入的意义的建构，那么就不会成为一个连贯的语篇。意义是语篇的灵魂，因此，语篇连贯层面的整合是语篇整合的最高层次。一个好的语篇最终体现为从形式上的衔接到意义上的连贯。

形式的衔接大致可以从语法的衔接和词汇的衔接两个方面来考察。韩礼德和哈桑把语法衔接分为四种：照应、替代、省略、连接。其中，照应指的是语篇中一个成分作为另一个成分的参照点，可以分为人称照应、指示照应和比较照应；替代是用关系和意义相近的词代替其他的词、词组、从句或语境中的其他成分；省略指的是把语篇中的某个成分省去不提；连接是通过连接成分体现语篇中各种逻辑关系的手段。语法衔接的四种基本方式在上述三个语篇中都有所体现：照应主要体现为人称照应和指示照应两种形式，人称照应表现为名词词语与代词、零形式之间的相互照应，指示照应用"这"、"这种情况"、"那时候"对前文进行回指照应；"两代人"

与"长辈和晚辈"、"上一辈与下一代"之间的交替运用属于替代衔接；省略衔接表现为人称代词的省略、名词性词语或用语气词"呢"的承前省略；用"不管……都"、"可、可是、而"、"所以"、"既……又"、"而且"、"由于……"、"即使……也"等关联词语表示小句之间的逻辑语义关系体现连接。

词汇衔接也可以分为四种形式——重复，同义/反义，上下义/局部—整体关系和搭配。上下义/局部—整体关系的词汇衔接形式在三篇语篇中都没有出现，其他三种均有不同程度的体现。重复是语篇衔接的常用手段，恰当地运用可以增强语篇内容上的相关性从而形成衔接，但若使用不当也会产生词语贫乏、用词单一、累赘的问题，作文 A 中"我们的时代"这个词语就通篇采用了"重复"这一词汇方式，忽略了必要的代词指称或零形式省略的运用。相比之下，作文 C 则更善于运用同义/反义的词汇关系营造词汇表达的丰富感。从词语的搭配来看，作文 C 全文语句通畅，表意准确，没有明显的词语搭配不当的情况。而作文 A 和作文 B 在语句中都有不同程度的因词语搭配不当从而影响读者解读的情况。

这些都属于表层显性的语篇衔接方式。在语篇表达过程中，写作主体都会无意识或有意识地选择一定的语篇衔接方式，很多情况下，一个语篇中使用的衔接方式都不是单一的，单靠某一衔接手段来达到语义连贯的语篇在语言实践中是少数的，绝大多数的语篇通常是在多种衔接方式的综合运用之下而生成的。

语篇的连贯性不仅表现在显性的衔接方面，同时还受到深层隐性衔接方式的制约。深层的衔接也称语义衔接或者意义的连贯，主要体现在语篇主题的确立和延展。语篇主题即语篇指向，是语篇的基本思想，含有决定整个篇章内容和结构的基本信息，并以集中和抽象的形式表现出来。语篇衔接方式的使用为主题的呈现提供条件，而主题呈现的具体过程则是通过主题的确立以及主题推进的方式来得以实现的。也就是说，在用书面语篇交际之前，作者头脑里首先确立自己所要表达的语篇话题，然后决定用何种方式将它表现出来。对于作者来说，行文展开是为了让读者确切理解其主题，主题的突显大多通过语篇主题的不断推进和延展来实现，语篇主题的确立和延展制约着语篇的深层连贯性。语篇主题的确立起始于写作主体对语篇书写方向的宏观整合阶段，伴随语篇主题不断推进最终得以完成。在第九章第二节中，我们对作文 C 的主题推进进行了详细的分析，揭示了作文 C 如何通过平行、序列、集中、交叉等多种推进方式构建出一个主题明确而又意义连贯的语篇。下面对作文 C 的主题推进我们将不再占用篇幅重复说明，而是采用提取体现语篇核心主题的话题句的形式，作一个粗线条的概括和总结。

作文 C

①我的很多朋友—述题，长者—述题，（对前两个小句的话题和述题进行综合推进得出下一个话题）②这种情况—述题，（合并①句中两个小句的话题引出新话题）③两代人—述题，（将述题作为下一句的话题来进一步解释述题），④代沟—述题，（用相同话题的方式进一步强调代沟的危害），⑤代沟—述题，（针对述题引出新话题）⑥如何—述题，（针对话题提出观点）⑦我认为—述题，（提出方法一），⑧（提出方法二）双方—述题，⑨（提出方法三）双方（零形式话题）—述题。

作文 C 的主题推进分别采用了如下方式：用综合推进从①到②再到③；用序列推进引出④；用平行推进到⑤；序列推进出⑥，综合推进出⑦、⑧、⑨。在⑦、⑧、⑨内部又采用了集中推进和交叉接应推进的方式对方法一、方法二、方法三从为什么采用该方法以及如何实施该方法两个方面进行了说明。作文 C 首先是"引"——代沟的具体表现，从"引"到"释"——给出代沟的定义，从"释"到"对策"——解决代沟的三种方法。各话题的建构目的非常清晰，话题间的意义密切相关。全文的意义结构如同一棵"树"，"引"和"释"如同树干，逐步向上推进撑起繁茂的枝叶——"对策"。

作文 B

段落 1

①"代沟"问题，实在很难解决的。②我们也是常常和我们的长辈交流时遭到困难。也有时呢，③我觉得我的晚辈和我的想法不一样。④这怎么回事？

①是该段的主题句，②、③是对①的综合推进，④的话题"这"则是针对①、②、③的综合推进。

段落 2

①我就可以说是新生代的年轻人，所以跟我的父母或者老师说话时，觉得他们对我们的要求很严重，动不动说："你不要做这样的事"、"你应该好好学习"、"你必须做什么……"等等，总是说"不，不，不"，所以我们从小听到的是"不"这个字。②也许父母的希望我们长成好学生，把他们的希望放在我们肩膀上，可是这样的希望总对我们压力很大，所以有时候我们两代之间交流不通。③而且他们的生活背景和现代我们的生活就不一样的原因也有，他们成长的时候生活比较困难，所以他们到现在总说"节约"，节约总算是好习惯，可是他们太过分地强调呢，会让我们反抗的一种说法。

该段有三个大的话题，每个话题内部又有若干子话题句。话题句①中，首先是平行推进的三个话题一致的子话题——我—述题，零形式—述题，零形式—述题，其次采用三个集中推进方式启用新的话题"他们（零形式）"，述题则对应前句述题"……要求很严重"—他们（零形式）—述题（动不动……），他们（零形式）—述题（总是说……），我们—述题；话题句②和话题句③是对话题句①的深化，从两个方面进一步解释话题句①产生的原因。话题句②和话题句③内部都采用了平行推进和序列推进的方式推进话题发展。

段落 3

到现在我从两方面来谈了我的意见。

该段只有一句话的话题句，对段落2所谈内容进行了总结。

段落4

    ①一方面是长辈和晚辈之间的目的或者想法不一样，就是两代人都不要让步，不许了解对方。②老一辈呢，想想自己小时候的想法，晚一辈呢，了解自己的父母而听一听他们的话，当然自己也有自己的想法，可是有时候呢，听父母的话对你有利，我也常常觉得听父母的话终于对我有好处的，他们比我们经验多，所以想得也比我们很深，所以给我们的帮助不可能让我们吃亏的，我们这辈年轻人们再考虑父母的话吧。

话题句①中的三个子话题句采用了相同话题的平行推进，话题句②包含较多的子话题句，"老一辈呢……"和"晚一辈呢……"是两个并列关系的子话题句，话题是承接话题句①的话题平行推进而来的，随后的几个子话题句则是承接"晚一辈呢……"这个子话题句的更下一层的话题句，采用了一系列的平行推进和序列推进来加强"晚一辈应该多听听父母的话"的主题观点。

段落5

    ①另一方面是长辈和晚辈的生活背景不一样的原因。②现在我们的生活既自由又很丰富，所以不能理解老辈的想法，这方面呢，我们的长辈应该教我们的一部分，而且不要太过分的要求，像哄孩子一样摸一摸我们，那么我们的新世代者会听话的，（这）就需要两代的了解心。

段落5的话题句①和段落4的话题句①相同，也是从段落3的话题的平行推进而来，是对代沟产生原因的第二个方面进行的阐述。话题句②是对前一话题句的话题和述题的综合推进，继续以从话题句①中的分化出来的两个分话题"我们的长辈"和"我们的新世代者"作为话题，用两个子话题句说明两辈人各自应该怎么做，最后采用综合推进的方式用话题句"（这）就需要两代的了解心"作为全段也是全篇的结尾。

作文 B 全文也具有较为清晰的主题发展线索，呈现为平行推进、序列推进和综合推进的多种话题推进方式。与作文 C 相比，作文 B 的全篇主题核心是"出现代沟的原因"而非"如何解决代沟"。全文段落 1 和段落 2 话题线索非常明确——代沟确实存在以及为何会产生代沟，段落 3 仅仅用一个话题句总结了前两段的主题，但却没有借此推出新的话题"如何解决代沟"而是在随后的段落 4 和段落 5 再次围绕"产生代沟的原因"进行了阐释，全文主题最终没有进入到"如何解决"的层面便戛然而止了。

作文 A

段落 1

①我们的时代和父亲的时代不同，我觉得两代人之间存在代沟，不是什么奇怪的，很自然的事情。②我爸爸的时代是我们国家很困难的时候，那时候我们国家真穷，什么都没有了。③我们爸爸时代，建设克服穷的国家，所以他们对社会和国家很尊重，每人应该为国家尽力而为，这是我觉得我爸爸时代的最大的特点。④我们的时代有点不一样，我们时代的特点是对个人的幸福，最重要的。⑤当然国家和社会做有好处的事儿也很重要，可我们的时代最重要的是自己的幸福，为自己的理想全力以赴的思想。

全段包含有 5 个大的话题句，话题句②、③和话题句④、⑤是两组并列的话题句，分别是以从话题句①中平行推进出来的两个话题"我爸爸时代"和"我们的时代"为话题说明两个时代的差异。

段落 2

这样的代沟可能是我们长大的生活环境不同的原因吧，我们爸爸时代生活在很困难的环境，可是我们时代比我们爸时代，生活在比较好环境了，当然这样的代沟呢，很自然的。

段落 2 采用从段落 1 中综合推进出的话题"这样的代沟"为话题，随后用序列推进的方式再一次用"我爸爸时代"和"我们的时代"为话题说明时代不同产生代沟是必然的。

段落 3

①不管什么时代发生这种代沟，很平常的事情，把这种代沟解决办法是相互了解的。

②我爸常说，现在晚辈，真不听话，不懂事，不礼貌。

段落 3 的话题句①再次承接段落 2 中的最后一个子话题句说明任何时代都会发生代沟，话题句②是针对前一子话题句的述题"相互了解"而来的，目的是体现老一辈人不了解年轻人。

段落 4

我们也说他们想法太古老，可是我们互相了解，我觉得可以解决的问题。

段落 4 实际是承接段落 3 的话题句①与话题句②同等地位的一个话题句，在此独立成段处理不妥。

段落 5

我爸时代要懂现在时代不同，我们呢，应该了解父代的困难的生活，这样的办法，我觉得解决代沟的最好办法，这是我的个人意见而已了。

段落 5 的前两个子话题句中的话题"我爸时代"和"我们"依然是承接段落 3 的话题句①，然后用综合推进出话题句"这样的办法，我觉得解决代沟的最好办法"总结全文。

作文 A 也采用了一定的推进方法来表达文章的主题,全文充当话题最多的是"我爸时代"和"我们的时代",这两个话题引导的话题句反复在说明两个时代的各自状况导致全文的主题内容局限在对两个时代的反复述说的框框之内,而具体的两辈人之间该如何相互了解从而解决代沟却几乎没有涉及。尤其作文段落 2 完全是对段落 1 的重复,令人读来感觉啰唆冗繁缺乏连贯顺畅之感。

通过对以上三篇作文如何通过话题推进手段展现语篇主题进而构建语篇连贯的分析,我们发现生成语篇都会涉及某些具体的话题推进方式。留学生语篇中使用频率较高的推进方式是平行推进、序列推进和综合推进。这三种推进方式具有不同的语篇构建功能,承接前句话题的推进方式(平行推进),其功能体现为——拓展,即围绕一个相同的话题,用不同的述题来从不同方面体现主题的特征;而承接前句述题的推进方式(序列推进),其功能体现为——深化,即用前一句的述题作为下一句的话题,然后又用新的述题阐释说明该话题,再后又用这一述题作为话题,如此环环相扣螺旋式推进,使语篇内容向纵深层层深入;综合推进的功能体现为"综合",即将前一句的话题与述题概括起来综合或者抽象出新的话题和述题,这个新的话题句子既是对前句的总结、概括,同时也为后续话题句子的出现提供基础。这三种推进方式在语篇主题延伸的过程中起着不同的作用。但同时我们也能够看到,话题推进作为展现语篇主题的一种重要方式其作用也不是万能的。尽管三篇作文都采用了类型相似的推进方式,但是就整个语篇而言,在主题把握的准确性、主题展现的丰富度以及主题展现的动态过程中的紧密度和流畅性上还是存在较大的差别的。主题确立和主题推进作为构建语篇意义连贯的两个必备条件,主题确立具有更为重要的宏观制约作用。在正确把握语篇宏观主题的前提下,通过语篇的宏观主题对次一级的段落主题,次一级的段落主题对其所在单元句子的话题及其话题结构所表达的命题意义实现不同层级的语义统领作用,才能使语篇中各个句子命题按照一定的规律有效推进进而实现语篇的连贯。

在本节我们尝试从宏观和微观两个层面对留学生语篇整合表现作一尽

可能全面的分析，但无论是针对语篇的生成还是针对语篇的解读，语篇系统本身的复杂性都会时常令人感觉有挂一漏万的遗憾。语篇研究领域还有太多的空间需要我们找到有效的方法去打开那一扇扇紧闭着的大门，比如我们提出了整合度的概念，但却一时无法找到在语篇各个层面科学衡量整合程度的方法。如果能够在各个层面确立一个明确的量化标准，用数值度的方式，那将是最理想的整合度分析。我们的研究离这样的一个理想状态还有很大的差距，但任何完善的方法都是在一些基础性的、尝试性的研究的基础上最终实现的。我们相信科学化、系统化的语篇研究，在更多的人的共同努力之下一定能够实现。

参考文献

蔡晖:《认知语言学视野中的功能语体分类问题》,《外语学刊》2004 年第 6 期。

曹逢甫:《主题在汉语中的功能研究——迈向语段分析的第一步(A Functional Study of Topic in Chinese:the First Step towards Discourse Analysis)》,谢天蔚译,语文出版社 1995 年版。

曹逢甫:《汉语的句子与子句结构(Sentence and Clause Structure in Chinese:a Fuctional Perspective)》,王静译,北京语言大学出版社 2005 年版。

曹秀玲:《韩国留学生汉语语篇指称现象考察》,《世界汉语教学》2000 年第 4 期。

常敬宇:《语体的性质及语用功能》,《修辞学习》1994 年第 4 期。

陈晨:《英语国家学生中高级汉语篇章衔接考察》,《汉语学习》2005 年第 1 期。

陈晨:《英语国家学生学习汉语在篇章连贯方面的常见偏误》,《四川大学学报》2005 年第 3 期。

陈存军:《主题和主语说略》,《外语教学》1999 年第 1 期。

陈家生主编:《写作》,高等教育出版社 2010 年版。

程福宁:《文章学基础》,湖南大学出版社 1987 年版。

邓骏捷:《论现代汉语语体的互动关系》,《青海民族学院学报》2008 年第 3 期。

方梅:《篇章语法与汉语篇章语法研究》,《中国社会科学》2005 年第 6 期。

方梅:《语体动因对句法的塑造》,《修辞学习》2007 年第 6 期。

冯胜利:《书面语语法及教学的相对独立性》,《语言教学与研究》2003 年第 2 期。

冯胜利：《论汉语书面正式语体的特征与教学》，《世界汉语教学》2006 年
　　第 4 期。

冯胜利：《论语体的机制及其语法属性》，《中国语文》2010 年第 5 期。

高宁慧：《留学生的代词偏误与代词在篇章中使用原则》，《世界汉语教学》
　　1996 年第 2 期。

郭英德：《中国古代文体学论稿》，北京大学出版社 2005 年版。

韩娅楠、陈建生：《中国高级英语学习者议论文写作中非正式语体倾向》，
　　《重庆交通大学学报》2013 年第 4 期。

何立荣：《浅析留学生汉语写作中的篇章失误——兼谈写作课的篇章教
　　学》，中国对外汉语教学学会，中国对外汉语教学学会第六次学术讨论
　　会论文选，华语教学出版社 1999 年版。

贺学勤：《情状句之于叙事语篇发展的认知建构》，《外语学刊》2009 年第 1 期。

胡壮麟：《语篇的衔接与连贯》，上海外语教育出版社 1994 年版。

胡明扬：《语体与语法》，《汉语学习》1993 年第 2 期。

黄强：《起承转合说的源流》，《伊利师范学院学报》2006 年第 1 期。

黄玉花：《韩国留学生的篇章偏误分析》，《中央民族大学学报》2005 年第 5 期。

霍四通：《语体研究和自然语言处理》，《修辞学习》2000 年第 1 期。

姜望琪：《语篇语言学研究》，北京大学出版社 2011 年版。

蒋寅：《起承转合——机械结构论的消长》，《文学遗产》1998 年第 3 期。

金立鑫、白水振：《"着"、"了"、"过"的语法难度、使用频率及其教学顺
　　序》，《中国语文学论集》2003 年第 24 期。

金立鑫、白水振：《语体学在语言学中的地位及其研究方法》，《当代修辞
　　学》2012 年第 6 期。

乐耀：《从汉语书面叙事体的语篇结构看人物指称的分布和功能》，《当代
　　语言学》2010 年第 4 期。

黎锦熙：《新著国语文法》，商务印书馆 1924 年版。

李临定：《主语的语法地位》，《中国语文》1985 年第 1 期。

李乃刚：《中国古代小说的空间叙事研究概述》，《社会科学家》2010 年第

10 期。

李泉：《面向对外汉语教学的语体研究的范围和内容》，《汉语学习》2004
  年第 1 期。

李炜东、胡秀梅：《中级汉语学生的语篇衔接偏误分析》，《语言文字应用》
  2006 年第 2 期。

李文明：《语体是言语的风格类型》，《修辞学习》1994 年第 6 期。

李文丹：《把话题链纳入汉语教学语法体系——汉语语篇特点在外语教学
  中的体现》，Journal of the Chinese Language Teachers Association
  2006 年第 1 期。

李谷城摘译：《主语与主题：一种新的语言类型学》（Charles N. Li，San-
  dar A. Thompson）《国外语言学》1984 年第 2 期。

廖秋忠：《廖秋忠文集》，北京语言学院出版社 1992 年版。

刘大为：《语体是言语行为的类型》，《修辞学习》1994 年第 3 期。

刘建霞：《韩国留学生叙事语篇中名词性词语省略的偏误分析》，北京语言
  大学，2005 年。

刘俊玲：《留学生作文中的篇章偏误类型》，《语言文字应用》2005 年第 1 期。

刘怡冰：《中级印尼留学生篇章衔接偏误分析及写作课篇章教学》，暨南大
  学，2006 年。

刘桂芳、谭宏姣：《现代汉语语体变异问题》，《学术交流》2005 年第 12 期。

刘珣：《对外汉语教育学引论》，北京语言文化大学出版社 2000 年版。

娄开阳、郭翠翠、崔希亮：《现代汉语书面语篇整合度说略》，《信阳师范
  学院学报》2012 年第 6 期。

鲁健骥：《外国人学汉语的篇章偏误分析——兼谈拓宽中介语的研究领
  域》，〈第六届国际汉语教学讨论会论文选〉编辑委员会，《第六届国际
  汉语教学讨论会论文选》，北京大学出版社 2000 年版。

陆俭明：《周遍性主语句及其他》，《中国语文》1986 年第 3 期。

陆庆和：《实用对外汉语教学语法》，北京大学出版社 2006 年版。

罗丽：《语体意识与对外汉语教学》，《中国高教研究》2001 年第 9 期。

马广惠：《中国大学生英语作文语言特征的对比分析》，《外语教学与研究》

2002 年第 5 期。

马明艳：《面向对外汉语教学的汉语语篇研究》，中国社会科学出版社 2009
年版。

马明艳：《叙事语篇的结构维度及其功能》，《宁夏大学学报》2013 年第 3 期。

聂仁发：《现代汉语语篇研究》，浙江大学出版社 2009 年版。

潘璠：《中国非英语专业本科生和研究生书面语体的多特征多维度调查》，
《外语教学与研究》2012 年第 2 期。

彭宣维：《从计算识别和生成的角度看英语句子的主题系统》，《外国语》
2004 年第 5 期。

彭宣维：《语篇主题链系统》，《外语研究》2005 年第 4 期。

彭彩红：《留学生汉语叙事语篇零形回指的习得研究》，暨南大学，2006 年。

屈承熹：《现代汉语中"句子"的定义及其地位》，《世界汉语教学》1996
年第 4 期。

屈承熹：《话题的表达形式与语用关系》，徐烈炯、刘丹青主编：《话题与
焦点新论》，上海教育出版社 2003 年版。

屈承熹：《功能篇章语法及其在对外汉语教学上的应用》，国家汉办教学处
编：《对外汉语教学语法探索（首届国际对外汉语教学语法研讨会论文
集）》，中国社会科学出版社 2003 年版。

屈承熹：《汉语认知功能语法》，黑龙江人民出版社 2005 年版。

屈承熹：《汉语篇章语法》，潘文国等译，北京语言大学出版社 2006 年版。

任绍曾：《叙事语篇的多层次语义结构》，《外语研究》2003 年第 1 期。

沈开木：《现代汉语话语语言学》，商务印书馆 1996 年版。

沈开木：《句段分析》，语文出版社 1987 年版。

盛炎：《跨文化交际中的语体学问题》，《语言教学与研究》1994 年第 2 期。

石定栩：《汉语主题句的特性》，《现代外语》1998 年第 2 期。

孙新爱：《主位—述位理论和留学生汉语语篇教学》，暨南大学，2004 年。

唐松波：《谈现代汉语的语体》，《中国语文》1961 年第 5 期。

唐松波、林文金：《现代汉语语体简论》，《东疆学刊》1984 年创刊号。

陶红印：《试论语体分类的语法学意义》，《当代语言学》1999 年第 3 期。

陶红印：《操作语体中动词论元结构的实现及语用原则》，《中国语文》2007年第1期。

陶红印、刘娅琼：《从语体差异到语法差异——以自然会话与影视对白中的把字句、被动结构、光杆动词句、否定反问句为例（上）》，《当代修辞学》2010年第1期。

陶红印、刘娅琼：《从语体差异到语法差异——以自然会话与影视对白中的把字句、被动结构、光杆动词句、否定反问句为例（下）》，《当代修辞学》2010年第2期。

田然：《外国学生在中高级阶段口语语段表达现象分析》，《汉语学习》1997年第6期。

田然：《留学生语篇中NP省略习得顺序与偏误》，《云南师范大学学报》2005年第1期。

王德春：《语体略论》，福建教育出版社1987年版。

王德春：《语言学概论》，上海外语教育出版社1997年版。

王凤英：《篇章修辞学》，黑龙江人民出版社2007年版。

王福祥：《汉语话语语言学初探》，商务印书馆1989年版。

王凯符：《古代文章学概论》，武汉大学出版社1983年版。

王凯符、吴继路：《写作》，北京大学出版社1985年版。

王红斌、李悲神：《汉语篇章零形回指习得过程的分析》，《烟台师范学院学报》1999年第2期。

王建国：《汉语话题链系统》，《澳门理工学报》2009年第4期。

王建国：《汉语话题链的研究现状》，《汉语学习》2012年第6期。

王健昆、喻波：《初级汉语水平韩国留学生汉语语篇逻辑连接偏误分析》，《语言文字应用》2006年第2期。

王莉：《试析中级阶段留学生话语不连贯的主要原因》，《暨南大学华文学院学报》2003年第2期。

王琳：《基于话题结构分析的语篇连贯研究》，《齐齐哈尔师范高等专科学校学报》2011年第2期。

王瑶：《从指称类型考察中高级阶段越南留学生的语篇连贯性问题》，广西师范大学，2004 年。

王瑛：《汉语口语连贯表达的难点和对策——以一位法国学生语篇为例》，《廊坊师范学院学报》2009 年第 4 期。

文秋芳、丁言仁、王文宇：《中国大学生英语书面语中的口语化倾向》，《外语教学与研究》2003 年第 4 期。

吴碧宇、王建国：《汉语篇章话题系统与篇章表达》，《对外汉语研究》2013 年第 2 期。

吴春相：《现代汉语介词结构的语体考察》，《当代修辞学》2013 年第 4 期。

吴丽君：《日本学生汉语习得偏误研究》，中国社会科学出版社 2002 年版。

吴茗：《汉语作为第二语言博客篇章偏误分析》，《现代语文》2008 年第 2 期。

吴启主：《汉语构件语法语篇学》，岳麓书社 2001 年版。

吴应天：《文章结构学》，中国人民大学出版社 1989 年版。

夏丏尊、叶圣陶：《文章讲话》，浙江文艺出版社 1983 年版。

夏绍臣：《文章章法与阅读写作》，人民日报出版社 1985 年版。

肖奚强：《外国学生照应偏误分析——偏误分析丛论之三》，《汉语学习》2001 年第 1 期。

辛平：《对 11 篇留学生汉语作文中偏误的统计分析及对汉语写作课教学的思考》，《汉语学习》2001 年第 4 期。

熊学亮：《语篇的认知修辞解构》，《北京科技大学学报（社会科学版）》2010 年第 3 期。

徐赳赳：《话语分析在中国》，《外语教学与研究》1997 年第 4 期。

严轶伦：《语篇的认知建构及其知识蕴含》，《南京理工大学学报》2008 年第 2 期。

杨春：《英语国家学生初级汉语语篇照应偏误考察》，《汉语学习》2004 年第 3 期。

杨丽赟：《中级阶段以英语为母语的留学生叙事文体篇章照应使用情况分析》，华东师范大学，2007 年。

叶圣陶：《文章讲话·开头和结尾》，浙江文艺出版社 1983 年版。

尹炎：《记叙文材料组合的逻辑关系初探》，《齐齐哈尔师范学院学报》

1993 年第 1 期。

袁辉、李熙宗：《汉语语体概论》，商务印书馆 2005 年版。

曾毅平：《语言材料语体分化论析》，《福建师范大学学报》2008 年第 2 期。

曾毅平、李小凤：《报道语体与文艺语体疑问句的分布差异》，《汉语学习》
　　2006 年第 5 期。

曾祥芹：《文章学教程》，上海教育出版社 1995 年版。

赵成新：《外国留学生汉语语篇衔接方式偏误分析》，《台州学院学报》2005
　　年第 2 期。

赵成新：《留学生汉语语篇衔接偏误目的语因素考察》，《周口师范学院学
　　报》2005 年第 4 期。

赵成新：《从中介语语篇偏误看母语对二语习得的影响——以英语为母语
　　者的汉语语篇衔接偏误为例》，《内蒙古大学学报》2006 年第 5 期。

张弓：《现代汉语修辞学》，天津人民出版社 1963 年版。

张一平：《英语叙事语篇分析》，《兰州大学学报》（社会科学版）1999 年第
　　4 期。

张四友：《Labov 叙事语篇图式和 Hatch 的改进》，《武汉科技大学学报》
　　（社会科学版）2000 年第 1 期。

张伯江：《语体差异和语法规律》，《修辞学习》2007 年第 1 期。

张伯江：《以语法解释为目的的语体研究》，《当代修辞学》2012 年第 6 期。

张先亮、郑娟曼：《汉语"有"字句的语体分布及语用功能》，《修辞学习》
　　2006 年第 1 期。

张滟：《"拓扑"视角下的动态体裁研究》，《修辞学习》2008 年第 1 期。

张述娟：《汉语篇章中主要的衔接方式及留学生偏误考察》，暨南大学，
　　2003 年。

张永昱：《留学生篇章表达能力常见错误分析及对策》，《修辞学习》2002
　　年第 2 期。

张寿康：《文章学概论》，山东教育出版社 1983 年版。

张寿康：《文章修饰论》，商务印书馆 1994 年版。

郑庆君：《语体跨类组合语篇及其语篇特征探析》，《修辞学习》2006 年第 2 期。

郑贵友:《汉语篇章语言学》,北京外文出版社 2002 年版。

郑颐寿:《论语体平面及其运用》,《渤海大学学报》2004 年第 5 期。

周清艳:《留学生篇章中后时连接成分的使用偏误分析》,《云南师范大学学报》2007 年第 6 期。

朱德熙:《语法讲义》,商务印书馆 1982 年版。

朱德熙:《现代汉语语法研究的对象是什么?》,《中国语文》1987 年第 4 期。

朱文华:《文体新探》,《中山大学学报》2001 年第 5 期。

朱永生:《话语分析五十年:回顾与展望》,《外国语》2003 年第 3 期。

朱军:《汉语语体语法研究综述》,《汉语学习》2012 年第 5 期。

Abbott H. Porter, *The Cambridge Introduction to Narrative*, Cambridge:CUP,2002.

Carter. R. and P. Simpson, *Language, Discourse and Literature:An introductory reader in discourse stylistics*, London:Unwin Hyman, 1989.

Gavins Joannaand Steen Gerard, *Cognitive Poetics in Practice*, London and New York:Routledge,2003.

Herman D. *Narrative Theory and the Cognitive Science*, CSLI Publications:Center for the Study of Language and Information,2003.

Labov W. *Language in Inner City*, Pennsylvania:University of Pennsylvania Press,1972.

Langacker, *Foundations of Cognitive Grammar*, Beijing:Peking University Press,2004.

Ochs and Dijk Teun A. (ed.), *Discourse as Structure and Process*, London:Sage Publications Ltd. 1997.

Van Dijk T. A. *Text and Context*, London:Longman,1977.

后　记

　　时隔五年，汉语作为第二语言学习者书面语篇研究的第二本小书终于成稿。回想这五年，从选题获得教育部立项的满心欢喜到近两年时间无从下笔的一筹莫展，从半天写不出一段文字的煎熬到键盘嘀嗒至天色渐明却浑然不觉的酣畅，如今面对基本成形的书稿欣慰之余不禁感慨万千。

　　2009 年出版的第一本小书《面向对外汉语教学的汉语语篇研究》源自当时十多年留学生汉语教学中的零星感受，如今看来甚觉粗浅零散。2010年留学生书面语篇生成研究的项目申请获得教育部批准开始，头脑中不断浮现着的便是研究的视角、内容和方法如何在前一小书的基础上谋求创新和突破。面对 430 多万字的语料库如何分类、甄选，如何确立书稿框架，如何建构研究体系，这样的困扰一直萦绕于头脑理不出头绪。2011 年我前往北京语言大学，跟随崔希亮先生从事访学研究。崔老师对留学生汉语语篇教学现状和研究现状洞中肯綮的分析和指导使我茅塞顿开。访学期间，穿梭在北语、北大、北师大校园之间，坐在仰慕已久的语言学名师的课堂上，聆听语言世界的新探索、新发现。感谢这些高校开放、包容的学术氛围，让我有机会走进了语言研究的新天地。历时五年，书稿终于成形，尽管在研究的过程中殚思竭虑想要尽可能做到周密细致，但收笔之时尤存遗憾。对于书中那些虽有涉及但由于能力不逮而未能深入挖掘之惑，依然时时在头脑中盘绕；对于书中那些全凭个人之见分析阐释之问题，引大方之家批责之忧常令我心有怵怵。小书的成形仅仅是二语语篇研究漫漫长路中的一小步，也仅仅是探索了语篇世界一隅，如果书稿中涉及的某一问题，提出的某一个观点能够为其他致力于二语视角语篇研究的学者提供一丝启发，引起一丝共鸣，就足以让我深感欣慰。对于那些由于学识浅陋而产生的于心未识之错，敬请大方之家给予批评指正。

书稿的写作得到了方方面面的支持、帮助和鼓励。感谢访学导师崔希亮先生在访学期间的悉心指导，并欣然作序以为鼓励；感谢北京语言大学邢红兵教授对研究中语料库数据提取所提供的热忱帮助；感谢郝瑜鑫博士、周毅博士在写作中给予的建议和帮助；感谢绍兴文理学院魏秀琪老师、宁夏大学岩宏老师及李红老师如家人般默默的付出与协助；感谢宁夏大学中文系 2011 级周宁、黄荣、聂园、杨芳、杨永芳同学对语料库数据的统计工作；感谢中国社会科学出版社的郭晓鸿女士为本书的出版所付出的心血；感谢书稿中参考过的所有研究成果的作者。

除了上述师友、学生的帮助，书稿也凝聚着父母和家人的期许，是他们的支持与鼓励一直推动我前行。父母为了让我安心于书稿，身体有恙之时自己悄悄前往医院不忍占用我一点时间，令我愧疚不已；先生时常询问书稿进展，并主动承担了很多本应由我来承担的家事。每当在我遇到困顿心生气馁的时候，家人的安慰与鼓励一次次使我从疑是无路的境地之下迎来柳暗花明。

书稿起笔之时我尚在江南水乡的绍兴文理学院任教，如今结稿我已身在千里之外地处塞上江南的宁夏大学，感谢绍兴文理学院科研处的领导、老师对研究的督促；感谢宁夏大学为本书的出版提供的基金资助。当书稿出版之时，我已经前往美国加州大学戴维斯分校从事访学研究，导师储诚志先生多年潜心于语言研究，在汉语本体研究及汉语作为第二语言教学领域均卓有建树，感谢储先生接受我的访学申请，为我打开一扇探究语言世界的新视窗。

马明艳

2015 年 6 月 8 日于银川